2023年度国家资助博士后研究人员计划C档项目（资助编号GZC20233537）

全媒体时代高校铸魂育人有效路径研究

华昉　柳笛　著

吉林大学出版社

·长春·

图书在版编目（CIP）数据

全媒体时代高校铸魂育人有效路径研究 / 华昉，柳笛著 .
-- 长春：吉林大学出版社，2024.8 --ISBN 978-7-5768-3597-7

Ⅰ . G649.2
中国国家版本馆 CIP 数据核字第 20240249UN 号

书　　名　全媒体时代高校铸魂育人有效路径研究
　　　　　QUANMEITI SHIDAI GAOXIAO ZHUHUN YUREN YOUXIAO LUJING YANJIU

作　　者　华　昉　柳　笛
策划编辑　矫　正
责任编辑　矫　正
责任校对　甄志忠
装帧设计　久利图文
出版发行　吉林大学出版社
社　　址　长春市人民大街 4059 号
邮政编码　130021
发行电话　0431-89580036/58
网　　址　http://www.jlup.com.cn
电子邮箱　jldxcbs@sina.com
印　　刷　天津鑫恒彩印刷有限公司
开　　本　787mm×1092mm　1/16
印　　张　12.75
字　　数　200 千字
版　　次　2025 年 1 月　　第 1 版
印　　次　2025 年 1 月　　第 1 次
书　　号　ISBN 978-7-5768-3597-7
定　　价　68.00 元

前 言

铸魂育人是习近平关于党的思想建设、意识形态建设、宣传思想工作、思想政治工作、军队工作和文艺工作等的重要论述，科学地回答了"铸什么魂""育什么人"和"怎样铸魂育人"这三个问题，蕴含着丰富而深刻的方法论思想。所谓铸魂育人，是指通过铸魂实现育人，在育人中完成铸魂，铸魂和育人一体同构、互为前提。所铸之魂是体现着意识形态本质内涵和精神原则的思想灵魂，所育之人是符合中国国情和社会发展要求的"有用之人"。铸魂育人作为意识形态教育传播的根本形式，反映着一定社会意识形态存在和发展的本质追求，表征着思想政治教育存在和发展的本质内涵。有什么样的意识形态，就会要求形成和开展与之相匹配的铸魂育人社会实践活动。

铸魂育人是坚持立德树人的本质要求。贯彻落实铸魂育人，应牢牢把握住信仰、信念、信心三个关键点位和必要环节：对马克思主义的信仰、对社会主义核心价值观的信念、对实现中国梦的信心为新时代铸魂育人提供了根本遵循，指明了时代方向，注入了强劲动力。我国高校承担着培养建设社会主义现代化强国合格接班人的重大任务。当前，高校育人环境开放且复杂，高校思想政治教育工作的内容愈加丰富，如何落实好铸魂育人教育，进一步加强和改进高校思想政治教育育人工作，培养学生的马克思主义信仰、社会主义核心价值观和中国精神，铸造属于新时代大学生的"中国魂"，已成为当前高校思想政治教育工作必须解决的共性问题之一。

近年来，随着智能手机、搜索引擎、网络媒体等新媒体的迅猛发展，杂志、报纸、广播、电视等传统媒体受到很大挑战。这种情况下，一种崭新的全媒体形态发展起来。在未来，全媒体将代替旧媒体和新媒体，开辟一个新的时代。传统媒体积极的改革势不可挡，新媒体创新融合发展成为媒体创新的必然趋势。正如亨利·詹金斯（Henry Jenkins）所说："不管我们是否准备好了，我们已经身处融合文化之中。"[①] 新旧媒体相互渗透、取长补短、兼容并蓄、共同发展，化竞争为合作，成为未来全媒体时代发展的主旋律。

针对全媒体时代给高校思想政治教育铸魂育人带来的全新挑战，探索加强高校铸魂育人的有效途径，已经成为新时代高校思想政治教育的重要课题。高校作为铸魂育人的主阵地，在全媒体时代背景下，要坚持以习近平新时代中国特色社会主义思想为引领，顺应改革发展潮流，须创造性转化教育教学理论，做到思想政治教育理论和教育方法与全媒体时代有机耦合，须创新性发展思想政治教育的路径，培养符合新时代发展的"有理想、有道德、有文化、有纪律"[②] 的创新人才。

本书采用文献分析法、调查研究法，在对高校思想政治教育铸魂育人研究的基础上，将"魂"融入各个环节，充分利用全媒体时代提供的良好机遇，发挥思想政治教育应有的价值，试图构建全员、全过程、全方位育人的工作格局和氛围，形成高校铸魂育人的合力，最终达到"1+1＞2"的育人效果。

本书从马克思主义理论视域下的铸魂育人本质内涵着手，重点阐述了用习近平新时代中国特色社会主义思想铸魂育人都蕴含着哪些理念精神、基本观点和经典论断；分析全媒体时代高校铸魂育人的理论渊源和重要意义；全面分析了全媒体时代高校铸魂育人面临的机遇、冲突与困境；进而对全媒体时代高校铸魂育人存在的问题及高校铸魂育人低效的原因进行剖析，并从全媒体时代高校铸魂育人实效问题研究的主要内容和策略思考两个方面进行反思；在此基础上，有针对性地提出了解决问题的方法——以铸魂育人为引领筑牢理论教育内容、创新教育理念和教育方法，建立社会、学校、家庭、新媒体与大学生个人相结合的思想政治教育铸魂育人体系，以期提升铸魂育人实效性，推进高校铸魂育人的创新发展。

华昉撰写了第一章至第四章（约 10 万字），柳笛撰写了第五章至第八章（约 10 万字）。书中表述有不当之处，敬请学界同仁批评指正。

---

① 亨利·詹金斯. 融合文化：新媒体和旧媒体的冲突地带 [M]. 杜永明，译. 北京：商务印书馆，2012：15.

② 邓小平. 邓小平文选（第三卷）[M]. 北京：人民出版社，1993：205.

目　录

第一章　铸魂育人概述

2019 年 3 月 18 日，习近平总书记在学校思想政治理论课教师座谈会上强调："办好思政课，最根本的是要全面贯彻党的教育方针，解决好培养什么人、怎样培养人、为谁培养人这个根本问题。"[①] 这一重要论断就是要全面贯彻党的教育方针，解决好铸什么样的魂、育什么样的人以及怎样铸魂育人的问题。

所谓铸魂育人，是指通过铸魂实现育人，在育人中完成铸魂，铸魂和育人一体同构、互为前提。所铸之魂是体现着意识形态本质内涵和精神原则的思想灵魂，所育之人是符合我国国情和社会发展要求的"有用之人"。铸魂育人作为意识形态教育传播的根本形式，反映着一定社会意识形态存在和发展的本质追求，表现着思想政治教育存在和发展的本质内涵。有什么样的意识形态，就会要求形成和开展与之相匹配的铸魂育人社会实践活动。人类社会文明形成发展的历史同时也是铸魂育人理论与实践发展的历史。但是，由于阶级利益、社会形态、政权性质和时代形势等整体差异，不同社会时代铸魂的内涵与性质、育人的理念与原则不尽相同，只有马克思主义科学理论指导下的社会主义意识形态铸魂育人才真正把人的灵魂铸造同社会发展内在统一起来，真正致力于并能最终实现人的自由全面发展。

本章阐释了马克思主义理论视域下的"灵魂"观念、"铸魂育人"本质内涵，重点回答了习近平新时代中国特色社会主义思想铸魂育人都蕴含着哪些理念、基本观点和经典论断。

---

① 习近平. 论党的宣传思想工作 [M]. 北京：中央文献出版社，2020：377-378.

第一节　铸魂育人概念与内涵的解读

一、马克思主义理论视域下的"灵魂"观念解读

习近平强调："马克思主义揭示了事物的本质、内在联系及发展规律，是'伟大的认识工具'，……"①，"不坚持以马克思主义为指导，哲学社会科学就会失去灵魂、迷失方向，最终也不能发挥应有作用"②。因此，首先在马克思主义理论视域下完成对"灵魂"概念的内涵实质及其本质属性的界定和阐释，是本书后续研究得以顺利开展的理论前提。只有以马克思主义为理论指导，才能真正解决"灵魂"概念的科学界定和正确阐释问题，也只有在马克思主义理论视域下"灵魂"范畴才获得了真实而全面的内涵规定及现实意蕴。正如马克思在《关于费尔巴哈的提纲》开篇所作出的总体判断："从前的一切唯物主义（包括费尔巴哈的唯物主义）的主要缺点是：对对象、现实、感性，只是从客体的或者直观的形式去理解，而不是把它们当作感性的人的活动，当作实践去理解，不是从主体方面去理解。因此，和唯物主义相反，能动的方面却被唯心主义抽象地发展了，当然，唯心主义是不知道现实的、感性的活动本身的。"③马克思主义以前的哲学对灵魂问题的研究——无论是唯物主义的灵魂学说，还是唯心主义的灵魂学说，抑或是宗教神学的灵魂学说——都是有着先天缺陷的，他们对"灵魂"本质内涵的揭示都是不彻底、不充分的——在思维方式上的缺陷是导致灵魂问题没有获得正确解决的共同原因。不论是本体论思维方式的探讨，还是认识论思维方式的揭秘，马克思主义以前的灵魂学说尽管在追问灵魂本质

---

① 习近平. 在哲学社会科学工作座谈会上的讲话（2016 年 5 月 17 日）[M]. 北京：人民出版社，2016：9.

② 习近平. 在哲学社会科学工作座谈会上的讲话（2016 年 5 月 17 日）[M]. 北京：人民出版社，2016：9.

③ 中共中央马克思恩格斯列宁斯大林著作编译局. 马克思恩格斯选集（第一卷）[M]. 北京：人民出版社，1995：54.

及其内在规定的角度、立场、方法存有差异，但在基本的思维方式上都是主客二分的对立思维方式。这种思维方式决定了灵魂问题研究中同现实个体生命活动的相脱离。在这种对立思维方式下探讨灵与肉的关系不过是在为灵魂寻找居所而已，是住在肉体里，还是飘忽于空中，即便认为灵与肉相统一也不过是形式上的弥合，至于灵魂真正本质揭示路径中灵与肉对立的前提性分歧却没有解决。

马克思主义哲学首先变革了探讨和解决灵魂问题的思维方式，确立了探讨和解决灵魂问题的新唯物主义立场及其实践的思维方式。在马克思看来，"全部社会生活在本质上是实践的。凡是把理论引向神秘主义的神秘东西，都能在人的实践中以及对这个实践的理解中得到合理的解决"①。人类生活的实践本性应当成为人们思考自己与自然界、社会关系的起点和落脚点。马克思用实践本性统合了人们思维与存在的分离，人们对自己生命运动灵魂问题的理解和揭示，应当在人们回到自己的生活实践中去寻找方法和答案。"人的思维是否具有客观的 [gegenständliche] 真理性，这不是一个理论的问题，而是一个实践的问题。人应该在实践中证明自己思维的真理性，即自己思维的现实性和力量，自己思维的此岸性。关于思维——离开实践的思维——的现实性或非现实性的争论，是一个纯粹经院哲学的问题。"②灵魂问题在本质上是伴随人类社会实践生命活动而产生的思维运动问题。这种思维运动力求叩问人们生命实践的根本规定，激发人们生命实践的主体潜力，以及揭示人们生命实践的终极关怀。探讨和解决灵魂问题这个思维运动本身也是人们生命实践的内在构成，不能抛开人们火热而真切的现实生活来空谈、思辨灵魂，也不能把灵魂问题讨论引向纯粹理念探讨或者神圣形象构造，而是要努力在人们生命实践中去揭示灵魂的本质，思考灵魂的特质，发掘灵魂的能力，引导灵魂的塑造，从而把对灵魂问题的探讨和解决从天国引向人间。纵然灵魂问题属于精神范畴，却必须由有生命的个人所进行的现实活动来加以说明。探讨和解决灵魂问题应当深入

---

① 中共中央马克思恩格斯列宁斯大林著作编译局. 马克思恩格斯选集（第一卷）[M]. 北京：人民出版社，1995：56.

② 中共中央马克思恩格斯列宁斯大林著作编译局. 马克思恩格斯选集（第一卷）[M]. 北京：人民出版社，1995：55.

每个现实生命的运动深处，从生命个体的生产和消费、劳动和休闲等实践运动，以及伴随这些实践运动所形成的情感体验和精神建构中解析灵魂的本源、根源、内涵、意义和价值。

正如马克思、恩格斯所揭示的："思想、观念、意识的产生最初是直接与人们的物质活动，与人们的物质交往，与现实生活的语言交织在一起的。人们的想象、思想、精神交往在这里还是人们物质行动的直接产物。表现在某一民族的政治、法律、道德、宗教、形而上学等的语言中的精神生产也是这样。人们是自己的观念、思想等等的生产者，但这里所说的人们是现实的、从事活动的人们，他们受自己的生产力和与之相适应的交往的一定发展——直到交往的最遥远的形态——所制约。意识 [das BewuBtsein] 在任何时候都只能是被意识到了的存在 [das bewuBte Sein]，而人们的存在就是他们的现实生活过程。"① 显然，相对于人们现实生命运动的物质实践来讲，灵魂正是人们在物质实践运动发展过程中形成建构起来的社会意识和精神力量。在不考虑灵魂这种社会意识和精神力量的特殊重要性之前，本质地讲，灵魂同其他社会意识一样，就是一种思想观念和精神现象。灵魂作为一种精神现象，说到底是由物质生产实践决定的社会意识，是人们在社会物质生产及其交往实践中形成构建起来的，关于人类现实生命运动发展的思想意识。灵魂是社会生活实践的产物，是人们现实生活世界在头脑中的观念反映，体现着人之为人所具有感性力量和能动生命之特殊规定性。"说人是肉体的、有自然力的、有生命的、现实的、感性的、对象性的存在物，这就等于说，人有现实的、感性的对象作为自己本质的即自己生命表现的对象；或者说，人只有凭借现实的、感性的对象才能表现自己的生命。"② 显然，"灵魂"现象正是人类表现自己生命现实力量和感性活动的"存在物"，因为从古至今正是人们通过对"灵魂"现象的疑惑与解谜，才构筑了自己的精神家园和意义世界，才发展了自己的理性能力和文学艺术，才不断反思和深入着对自己本质的理解与把握。从这个意义上看，"灵魂"

① 中共中央马克思恩格斯列宁斯大林著作编译局. 马克思恩格斯选集（第一卷）[M]. 北京：人民出版社，1995：72.

② 中共中央马克思恩格斯列宁斯大林著作编译局. 马克思恩格斯全集（第三卷）[M]. 北京：人民出版社，2002：324.

范畴等同于马克思主义理论话语体系中的"意识""精神""思维""观念"等基本范畴，它们都是人类生命所特有的，反映着人类生命同其他生命或者说物质世界根本界别的同义表达。在此对"灵魂"现象与问题的唯物主义揭示前提下，恩格斯进一步指出："而那种关于精神和物质、人类和自然、灵魂和肉体之间的对立的荒谬的、反自然的观点，也就越不可能成立了。"[①]从而真正解决了灵魂和肉体的关系问题，消除了灵魂和肉体的对立，把灵魂和肉体统一了起来。不过，这里既不是统一到对灵魂的唯心主义抽象中，也不是统一到对肉体的朴素或者神秘崇拜中，而是统一到对现实生命个体社会实践的理解中，统一到对人类社会历史发展实践的剖析中。如此，便完成了对灵魂本质的根本性解读。但这只回答了灵魂究竟是什么及其同人类肉体的关系定位，至于灵魂内在构成及其属性功能则还需要进一步讨论。对后者的进一步探讨将会使灵魂这种具有特殊重要性的社会意识和精神力量同其他意识观念的区别凸显出来，即灵魂不是普通社会意识和精神力量，而是在人的思想观念系统中居于核心地位，发挥主宰性作用的统摄性观念力量。这就意味着，灵魂是主宰性精神力量，是社会意识的核心内容。

关于这一点，马克思曾经在谈到社会意识转化为自我意识的过程与效果时有过相关论述。他指出："人民和英雄的这种冲击和风暴，——在它们的上空，观念一直平静地徘徊着，以便最后深入这一斗争并成为它的最深刻、最生动、进入自我意识的灵魂，——就是一切救世和赎罪的源泉，就是我们每一个人应当在自己的岗位上进行斗争和发挥作用的王国。"[②]"灵魂"作为"最深刻、最生动"的思想意识，是人们"自我意识"的核心部分，是验证社会意识是否成功转化为自我意识的关键因素。言下之意，社会意识要真正影响和引导人们的思想意识，就必须使社会意识进入人们个体自我意识的深处——灵魂，使之获得社会意识的本质意涵。关于灵魂作为思想观念核心意识的类似表达和用法，还可以在马克思批判以黑格尔为代表的唯心主义哲学任意创造诸种抽象范畴的表述中看到："家庭和市民社会

---

① 中共中央马克思恩格斯列宁斯大林著作编译局. 马克思恩格斯选集（第四卷）[M]. 北京：人民出版社，1995：384.

② 中共中央马克思恩格斯列宁斯大林著作编译局. 马克思恩格斯全集（第四十一卷）[M]. 北京：人民出版社，1982：268.

到政治国家的过渡在于：本身就是国家精神的这两个领域的精神，现在也是作为这种国家精神来对待自身的，而且作为家庭和市民社会的内在东西本身，是现实的。可见，过渡不是从家庭等特殊本质及从国家的特殊本质中引申出来的，而是从必然性和自由的普遍关系中引申出来的。这完全是逻辑学中所实现的那种从本质领域到概念领域的过渡。这种过渡在自然哲学中是从无机界到生命。永远是同样的一些范畴，它们时而为这些领域，时而为另一些领域提供灵魂。问题只在于为各个具体规定寻求相应的抽象规定。"① 在这里，灵魂就是"这些领域"或者"另一些领域"诸种意识和精神领域的核心部分，对于诸种意识和精神的形成发展和塑造改变发挥着主宰性作用。

灵魂作为主宰性精神力量与核心社会意识，不是只由一种观念元素和精神力量单独构成，而是多重核心观念要素和精神力量的凝结，是融合信仰信念、价值意义、精神情感和伦理原则等多重核心观念要素和精神力量的统摄性观念集合体。根据马克思主义基本观点，人们在自己的社会实践和生命活动中形成自己的思想观念与精神力量。由于社会生产与现实生活的复杂多变性，特别是社会交往、利益选择、精神依托、意义追寻等方面的复杂多变特征，使得人们的思想观念不可能只是静止的观念反映，也不可能只是单一的观念凝结，而应当是发展变化和多维综合的观念反映。

正如马克思、恩格斯所言："不是意识决定生活，而是生活决定意识。"② 人们的思想观念总是伴随社会生活的变化而发展，同时这些思想观念包括道德、宗教、形而上学等多方面内容。我们知道，意识形态内涵众多的思想观念体系，在其中发挥着最核心作用的无外乎以下三方面要素：一是指向未来生活或者彼岸世界的信仰信念，告诉人们生活的意义和未来总体方向；二是指向现实利益或者说此岸世界的价值判断，评价着当前生活及现实利益的整体选择；三是连接过去和当前并指向未来生活发挥着基础性观念作用的精神情感，诠释、激励和支撑着自己乃至社会的生命历程与实践

---

① 中共中央马克思恩格斯列宁斯大林著作编译局. 马克思恩格斯全集（第三卷）[M]. 北京：人民出版社，2002：13-14.

② 中共中央马克思恩格斯列宁斯大林著作编译局. 马克思恩格斯选集（第一卷）[M]. 北京：人民出版社，1995：73.

运动，包括作为悠久传统的文化精神、作为时代精华的时代精神、作为人伦之基的道德原则和伦理要求等。

　　因此，作为社会意识和精神力量核心构成的灵魂更不可能是静止而单一的构造；相反，它是在运动发展中形成的相对稳定的思想观念集合体，信仰信念、价值观念、精神家园、伦理原则是这个思想观念集合体的核心内涵。"有灵魂"的人就是有着明确信仰信念、有着正确价值判断、有着强大精神力量、有着清晰伦理要求的人。没有信仰信念，灵魂就没有方向和追求；没有价值判断，灵魂就没有重心和坐标；没有精神家园，灵魂就没有情感依托和力量之源；没有伦理要求，灵魂就没有现实准则和道德支撑。信仰、价值、精神及道德对于灵魂核心内容的根本规定性，不论对社会灵魂（往往体现为一定社会时代的意识形态），还是对个体灵魂（个体自我意识的思想观念核心）都是同样适用的。正是这种灵魂核心内容构成上的观念性与同构性，才为铸魂育人社会实践活动提供了前提可能。灵魂核心内容构成上的"观念性"使得灵魂可以被影响、塑造和教育，一定社会集团可以通过一定的组织和手段对社会灵魂进行凝练和阐发，并通过这种凝练和阐发对社会成员的个体灵魂进行影响和教育。同时，由于社会灵魂和个体灵魂具有核心内容上的同构性，使得社会灵魂能够影响、塑造和教育个体灵魂，两者可以对接、嵌入甚至融合。教育要想成功有效，就必须把思想灵魂作为对象，努力影响和塑造思想灵魂，从而完成本质意义上的教育。德国思想家雅斯贝尔斯（Karl Theodor Jaspers）曾指出："教育的本质意味着：一棵树摇动另一棵树，一朵云推动另一朵云，一个灵魂唤醒另一个灵魂。"[①]试想，如果构成灵魂的不是观念意识和精神元素，灵魂怎么能够被唤醒？如果社会灵魂与个体灵魂不具有同构性，一个灵魂怎么能够去影响另一个灵魂？

　　综上所述，马克思主义理论视域下的"灵魂"范畴是贯彻着马克思主义唯物主义特质的，是扎根于人们社会实践和生命活动的精神现象，是融合着信仰信念、价值观念、精神追求、伦理原则等核心意识元素的主宰性精神力量，在人们的思想观念系统中发挥着统摄作用，并因其构成上的观

①雅斯贝尔斯. 什么是教育 [M]. 邹进，译. 北京：生活·读书·新知三联书店，1991：23.

念性和同构性使得一定社会集团的铸魂育人实践活动成为可能。

二、"铸魂育人"的本质内涵

"铸魂育人"作为一个完整词汇被官方正式提出是在 2014 年 10 月 30 日举行的全军政治工作会议（"新古田会议"）上，习近平总书记发表了重要讲话，其中指出："立理想信念的过程是立人的过程。……要把坚定官兵理想信念作为固本培元、凝魂聚气的战略工程，……要适应强军目标要求，把握新形势下铸魂育人的特点和规律，着力培养有灵魂、有本事、有血性、有品德的新一代革命军人。"[①] 这是党中央第一次在意识形态工作战略布局意义上提出"铸魂育人"范畴，也是习近平总书记第一次正式用"铸魂育人"概括新历史条件下的军队意识形态工作。此后，习近平总书记又在接见驻浙部队领导干部（2015 年 5 月 26 日）等多个场合提到"铸魂育人"，以及"触及灵魂"[②] "固本铸魂"[③] "铸造灵魂"[④] 等类似概念，陆续对"铸魂育人"这个核心范畴和中心命题做了阐释和丰富。

铸魂育人的核心概念是"铸魂"。"铸魂"一词最早见于1936年周逸的《船山先师诗录》这一诗集中，"铸魂育人"作为完整语词最早见于 1994 年田沾霖的《健康的心灵与美好的心愿（下）》一文中。严格地讲，在 2014 年 10 月正式提出"把握新形势下铸魂育人的特点和规律"之前，"铸魂育人"更多是作为日常用语和政治话语来使用，很少有学者在学术范畴内专门探讨铸魂育人基本概念，使之内涵与外延在相当长一段时间内都是整体突出但具体模糊，更没有获得共识性的学理认识。

铸魂育人是综合性的实践活动，是多个学科的共同研究对象和理论问题，也是需要多个学科理论交叉观照和协同攻关才能解决并推进的理论实践命题。但是每个学科毕竟有着自己独特的研究对象、学科理论和研究方法，因而不同学科关于铸魂育人理论实践内涵的认识和揭示各异。

---

① 习近平. 习近平谈治国理政（第二卷）[M]. 北京：外文出版社，2017：402.

② 习近平. 做焦裕禄式的县委书记 [M]. 北京：中央文献出版社，2015：42.

③ 习近平. 论党的宣传思想工作 [M]. 北京：中央文献出版社，2020：347.

④ 习近平. 在文艺工作座谈会上的讲话（2014 年 10 月 15 日）[M]. 北京：人民出版社，2015：23.

在哲学研究视域下，铸魂育人的内涵主要包括三个方面：一是铸魂育人致力于建立科学世界观、人生观和价值观，净化人的灵魂；二是铸魂育人致力于人的全面发展，实现人与自然、与社会和自身的和谐发展，实现人的全面价值；三是铸魂育人致力于精神育人，建构人的精神家园，提升人的精神境界。铸魂育人在哲学研究及哲学理论观照下的现实生活追求中，更多地体现为人们的深层精神和思想工程，即铸魂育人总是需要透过现象看本质、穿越时空看规律，根本地讲是要进入人们的思想和心灵世界进行活动。

在教育学中，铸魂育人的内涵也有着三种代表性观点：一是认为铸魂育人是生命教育，认为铸魂育人主要解决如何实现个体生命成长与发展的教育问题；二是认为铸魂育人是成人教育，主张教育的关键在于通过塑造灵魂培养完整的人；三是认为铸魂育人是德性教化或道德教育，认为德性是可教的和需教的。总体来看，教育学中人们理解的"铸魂育人"更多的是在道德灵魂和生命意义层面展开的，普遍认为铸魂育人体现着教育的本质追求，把培育有灵魂的人作为教育目标。

在社会学研究视域下，铸魂育人往往在意识形态认同教育和宗教信仰教育两重内涵意义上被理解和对待。前者认为，每个社会都存在意识形态对政治合法性的认同论证问题，而完成这个任务的手段就是铸魂育人，它把政治集团的社会灵魂融入个体灵魂之中；后者认为，灵魂是所有宗教学说的核心要义，铸魂育人则是这些宗教要义成为人们信仰内涵的主要手段。

在思想政治教育学科视野中，铸魂育人主要有以下四重内涵。一是主流意识形态的教育转化活动。这种观点认为铸魂育人实践活动的实质是将社会意识形态要求通过教育手段转化为该社会成员的思想共识，将意识形态思想体系深入社会成员的灵魂，从而夯实社会思想基础。二是塑造人们的灵魂并建构人们精神家园。这种观点认为思想政治教育在塑造人的灵魂、建构人的精神世界中发挥着重要作用，思想政治教育本身就包含着人文精神和人文智慧，人文关怀与思想政治教育的价值目标是一致的。树立人的全面自由发展的理念，丰富思想政治教育人文关怀的内容，从原则、方法和途径方面转变传统教育方式，从而加强思想政治教育工作者的队伍建设，增强思想政治教育的实效。三是"铸魂""补钙"，认为铸魂育人就是要固本铸魂，坚定理想信念，补强共产党人的精神之"钙"。四是铸牢军魂，培养"四有"军人。这种观点主要体现在军队政治工作的相关文献中，多从学习贯彻落实习近平总书记在全军政治工作会议上的讲话提出的铸魂育人出发，把铸魂育人进一步阐释为铸牢军魂，保证军队听党指挥，培养有灵魂、有本事、有血性、有品德的新时代"四有"军人。

立德树人作为我国教育的根本任务，它同铸魂育人之间是什么关系？笔者认为，这里存在着如下区别：铸魂育人是面向当代中国全体社会成员而言的，立德树人是针对学校教育，是面向学生群体，前者比后者适用更广的范畴；但是，如果集中在学校教育范围来看，立德树人又是一个相对广泛的范畴，因为这里的"德"是包括理想信念、价值观念、精神意义、道德伦理观念在内的"大德"，而铸魂育人的"魂"更强调这些"大德"的核心内涵与主宰观念系统。换言之，在学校教育体系中，更为集中和专门担当意识形态教育和阵地建设的主要是铸魂育人。显然，这从另外一个侧面说明，铸魂育人是意识形态的本质追求，意识形态性是铸魂育人的根本属性。

至此，笔者尝试给铸魂育人做出如下定义：所谓铸魂育人，简单地讲就是通过铸魂而育人，在育人中铸魂，铸魂和育人一体同构、缺一不可；究其本质，铸魂育人是一种意识形态教育实践活动，集中体现了意识形态的本质追求。铸魂育人是一定社会、阶级、集团运用自己思想观念体系针对社会成员思想和灵魂而施加的有目的、有计划、有组织的影响，用意识形态教育和塑造社会个体成员思想灵魂的教育实践活动。通过铸魂育人，一定的社会、阶级、集团千方百计地要求和实现社会成员对他们意识形态的理解与认同，并期望社会成员把这种意识形态内化为自己思想灵魂的深层内涵与精神追求，从而培养出符合他们巩固和发展自己根本利益需要的社会成员。任何社会发展和阶级统治都需要把意识形态转化为社会成员思想灵魂，培养意识形态的人并建构人的意识形态之魂，因而任何时代都需要开展同其经济基础、社会形态相契合的以铸魂育人为主题的实践活动。在此意义上讲，人类社会文明发展的历史同时也是铸魂育人理论与实践发展的历史。但是，由于阶级利益、社会形态、政权性质和时代形势等整体差异，不同社会时代铸魂内涵与性质、育人目标与形式不尽相同。剥削社会和阶级开展的铸魂育人都是巩固和发展自己剥削地位与根本利益的精神统治手段，并没有真正把实现人的全面发展和思想灵魂科学铸造作为根本追求。只有在马克思主义理论指导下科学地铸魂育人，才真正把人的灵魂同社会发展内在统一起来，才真正致力于实现人的全面发展。

用习近平新时代中国特色社会主义思想铸魂育人正是马克思主义基本原理同当代中国社会主义意识形态建设、铸魂育人具体实际相结合而形成的最新理论成果。为了进一步说明用马克思主义理论铸魂育人的本质规定性，有必要对用马克思主义理论铸魂育人的基本属性加以探讨和明确。

一是阶级性。用马克思主义理论铸魂育人在本质上仍然是一种意识形态教育。作为一种意识形态教育，它就是阶级教育的产物。马克思主义理论铸魂育人首先要致力于阶级教育，让无产阶级意识到他们根本利益同资产阶级的对立和不可调和性，让无产阶级意识到他们遭受剥削和苦难的根源来自资产阶级的利益追逐及其安排下的不公正的政治经济文化制度，让无产阶级意识到他们不仅要承受资产阶级带来的资本统治之苦，还要承受资产阶级意识形态带来的抽象奴役之苦。因此，用马克思主义理论铸魂育人首先就是要无产阶级对自己遭受的苦难及其现实和理论根源有着清醒的认识，进而以这种认识为基础来建构自己的革命理论并开展革命行动。即便到了今天，马克思主义的阶级性也是首要的。这是因为来自资本主义社会的威胁依然存在，今天的无产阶级运动还相对处于历史的低潮阶段，来自资产阶级意识形态的不良影响依然存在，各种反映资产阶级利益原则的错误社会思潮正在同马克思主义意识形态争夺阵地和人心。马克思曾在《〈黑格尔法哲学批判〉导言》中提出现代哲学的根本任务是要揭露和批判"神圣形象"[1]与"非神圣形象"[2]，实质上就是给无产阶级思想政治教育或者说用马克思主义理论铸魂育人提出了阶级教育的重要任务，即揭露和批判剥削阶级的意识形态，让无产阶级意识到剥削，引领无产阶级反抗剥削。这个任务在今天依然成立，当代中国铸魂育人同样面临繁重的揭露和批判

---

① 中共中央马克思恩格斯列宁斯大林著作编译局. 马克思恩格斯选集（第一卷）[M]. 北京：人民出版社，2012：2.

② 中共中央马克思恩格斯列宁斯大林著作编译局. 马克思恩格斯选集（第一卷）[M]. 北京：人民出版社，2012：2.

"神圣形象"与"非神圣形象"的理论任务。比如，我们要同儒学社会主义、新自由主义、历史虚无主义等社会思潮乃至各种新的宗教思想作斗争，这正是对马克思主义铸魂育人阶级性的有力体现和积极贯彻。

二是人民性。马克思主义的人民性是对其阶级规定性在价值立场上的具体明确。这种具体明确意味着，马克思主义不是为了少数人服务的，不是为了少数人剥削多数人服务的，而是为全体劳动人民服务的。用马克思主义理论铸魂育人不是要通过意识形态的塑造和传播，把劳动人民束缚在少得可怜的知识领域和利益链上，而是要让劳动人民获得全面发展的知识与观念，要让劳动人民获得追求共同富裕的理想、向往和现实。马克思主义是为人民服务的，是人民的实践选择，它所传播的意识形态在根本上反映着人民的利益取向，它所铸就的思想灵魂在根本上反映着人民的普遍共识，它所培育的优秀人才在根本上反映着共产主义事业所需要的实践力量。正如马克思、恩格斯在《共产党宣言》里面所说的那样，共产党人"没有任何同整个无产阶级的利益不同的利益"①，而且在共产主义运动的整个过程之中，共产党人始终代表运动的方向，始终不产生特殊的利益，始终维护和发展最广大人民的根本利益。这就意味着，用马克思主义理论铸魂育人，也就是共产党人开展的意识形态铸魂育人活动，是源于实现最广大人民根本利益的需要。可见，用马克思主义理论铸魂育人是为了巩固和发展全体劳动人民的利益，其始终把人民作为出发点和落脚点，始终把人民的思想灵魂生成和发展作为主要目标，始终把解答人民的现实困惑与未来生活方向总体问题并实现人民个体发展同整个社会时代发展的统一作为主要工作。

三是科学性。用马克思主义理论铸魂育人的科学性不仅体现在它通过关于人类社会发展的真理来塑造人的思想灵魂，还体现在铸魂育人的过程本身也是在科学的名义和规定下展开的。就是说，在用马克思主义理论铸魂育人的理论和实践体系中，不仅教育内容是科学的，教育形式和手段也是科学的。之所以是科学的，是因为其掌握了普遍规律，不仅掌握了人类社会发展的普遍规律，还掌握了人的生存发展的普遍规律，尤为重要的是

---

① 中共中央马克思恩格斯列宁斯大林著作编译局. 马克思恩格斯文集（第四卷）[M]. 北京：人民出版社，2009：3.

从"现实的个人"①出发，把握了"人本身"②，围绕"人"这个根本来构建马克思主义理论，并用马克思主义理论铸魂育人。用马克思主义理论铸魂育人，实现了科学性在形式和内容上的统一。这不仅是因为它把人把握为一种科学的实践活动，更是因为它科学地承认和致力于人的全面发展、普遍解放和自由幸福。

四是全面性。用马克思主义理论铸魂育人致力于培养全面发展的"现实的个人"。用马克思主义理论铸魂育人的全面性是由马克思主义的科学性直接赋予的。科学的铸魂育人主题教育实践活动具有彻底性。这种彻底性既是理论的彻底性，也是理论掌握群众的彻底性。这要求马克思主义铸魂育人应当在理论和实践的双重向度上确保全面性。

首先，马克思主义铸魂育人在对象覆盖上的全面性。马克思主义的人民性决定了用马克思主义理论铸魂育人要把全体人民（包括共产党人自身）都纳入教育对象范畴。教育者也是受教育者。马克思主义理论铸魂育人是全民性的，覆盖社会生活的各领域各群体。共产党人不仅要用先进的理论对人民大众铸魂育人，还要对自身铸魂育人，同时也要接受人民的教育。这一点，我们从中国共产党不断强调的保持共产党人纯洁性和先进性就能看出来。在用马克思主义理论铸魂育人的活动中，共产党人针对人民大众和内部成员的铸魂育人内容是根本一致的。

其次，用马克思主义理论铸魂育人在培育目标上具有全面性。追求个体的全面发展和社会的全面进步是马克思主义铸魂育人的目标。用马克思主义理论铸魂育人是要着力实现人的本性的全面复归，使人在全面关系中占有自己的本质，实现人的自由全面发展和社会生活的全部发展。

---

① 中共中央马克思恩格斯列宁斯大林著作编译局. 马克思恩格斯选集（第一卷）[M]. 北京：人民出版社，2012：146.

② 中共中央马克思恩格斯列宁斯大林著作编译局. 马克思恩格斯选集（第二卷）[M]. 北京：人民出版社，2012：791.

第二节　铸魂育人的主要内容

一、用习近平新时代中国特色社会主义思想铸魂育人的主要内容

用习近平新时代中国特色社会主义思想铸魂育人内涵丰富，内容涉及社会主义意识形态建设的各主要方面工作。具体包括以下内容。

（一）意识形态观

意识形态观是人们关于意识形态"是什么"及"应当是什么"基本问题的根本观点，集中反映人们对于一定时代意识形态建设突出问题和整体走向的总体研判及基本态度。习近平总书记运用马克思主义意识形态建设基本理论分析当代中国社会意识领域建设的现实状况和突出问题，深化了对意识形态本质追求、对马克思主义意识形态建设理论的认识和把握，创造性地提出了自己的意识形态观，提出了当代中国社会主义意识形态建设的本质追求、精神原则和总体战略。在今天这个思潮迭起、观念混杂的中国社会意识领域，习近平总书记明确提出自己的意识形态观，阐释自己关于意识形态本质和建设方向的态度与观点，对于当代中国社会主义意识形态建设具有定海神针之功效，能够消除人们在意识形态本质认识和建设方向上的分歧甚至偏见，从而有效地凝心聚力、共谋发展。因此，意识形态观是用习近平新时代中国特色社会主义思想铸魂育人的核心内容，决定着用习近平新时代中国特色社会主义思想铸魂育人的根本性质和主要任务。

（二）宣传思想工作铸魂育人

宣传思想工作是党的思想理论和文化战线上的重要工作，宣传思想工作往往是意识形态工作的代名词。习近平总书记围绕加强和改进宣传思想工作提出了一系列新理念、新思维、新思想、新论断、新要求，它们构成了用习近平新时代中国特色社会主义思想铸魂育人的总体要求。宣传思想

工作铸魂育人理论，在现时代社会主义意识形态建设工作理论体系中具有统领全局和谋划战略的地位，发挥着提纲挈领的作用。

（三）理想信念教育铸魂育人

理想信念教育是铸魂育人的本质要求。习近平总书记围绕理想信念教育提出了诸多重要论述，他把理想信念教育摆在全面从严治党的首位，认为坚定理想信念教育，就能铸牢共产党人的政治灵魂，就能补齐精神之钙。

（四）培育和践行社会主义核心价值观铸魂育人

党的十八大正式提出在全社会培育和践行社会主义核心价值观，随后习近平总书记针对党员干部、教师、青年学生等不同群体积极培育和践行社会主义核心价值观提出了总体要求，提出了诸多新理念、新论断。社会主义核心价值观的培育和践行是铸魂育人的核心要义。

（五）马克思主义理论教育铸魂育人

马克思主义理论教育是提升党员干部、社会民众马克思主义理论水平和精神涵养的重要手段，本质使命在于铸牢党员干部、社会民众的政治信仰。

（六）思想政治教育铸魂育人

这里的思想政治教育主要指日常思想政治教育。从本质上讲，思想政治教育正是铸魂育人的一种社会实践活动。思想政治教育是意识形态进行传播和教育、实现铸魂育人的重要手段。党的十八大以来，习近平总书记围绕思想政治教育发表了诸多重要论述，覆盖军队政治工作、学校思想政治教育工作、共青团思想政治教育工作、企事业单位思想政治教育工作等多个领域。

（七）文艺工作铸魂育人

正如习近平总书记指出的那样："文艺是铸造灵魂的工程，文艺工作者是灵魂的工程师。"[①] 社会主义文艺的灵魂是中国精神。做好社会主义文艺工作，创造出更好更多的文艺精品，推动文化大发展大繁荣，建设社会主义文化强国，对于实施和推进当代中国铸魂育人伟大工程，具有重要意义。

---

① 习近平. 在文艺工作座谈会上的讲话（2014 年 10 月 15 日）[M]. 北京：人民出版社，2015：32.

可见，文艺战线上的工作自然属于铸魂育人战略的重要环节。

（八）哲学社会科学铸魂育人

哲学社会科学有着重要的育人功能，特别是在高校。哲学社会科学研究和教育对于青年学生正确世界观、人生观和价值观的形成具有重要影响。在高校铸魂育人整体系统中，哲学社会科学应当聚焦青年学生成长发展的理论思维和精神境界，引导青年学生形成科学思维习惯，促进青年学生身心和人格健康发展。因而，用习近平新时代中国特色社会主义思想铸魂育人当然也包含了关于哲学社会科学研究和教育活动中的铸魂育人理论。

（九）网络铸魂育人

现代社会生活的一个重要内涵是网络社会生活。网络不再是人们社会生活的虚拟空间，已经成为一个反映社会成员生产交往及其精神生活真实状况的现实空间。人们不仅生活在物质空间，也生活在网络空间，并且这两个空间的差别地带正在快速地模糊和压缩，在某些领域已经融合在了一起。这就意味着，人们在网络上怎样生活和思想，也就反映着他们在现实世界怎样生活和思想。习近平指出："网络空间是亿万民众共同的精神家园。网络空间天朗气清、生态良好，符合人民利益。网络空间乌烟瘴气、生态恶化，不符合人民利益。……我们要本着对社会负责、对人民负责的态度，依法加强网络空间治理，加强网络内容建设，做强网上正面宣传，培育积极健康、向上向善的网络文化，用社会主义核心价值观和人类优秀文明成果滋养人心、滋养社会，做到正能量充沛、主旋律高昂，为广大网民特别是青少年营造一个风清气正的网络空间。"[1]加强网络思想舆论引导，重视发挥网络新媒体作用，实施当代中国铸魂育人战略工程，同样是用习近平新时代中国特色社会主义思想铸魂育人的重要内容。

（十）军队铸魂育人

铸魂育人就是习近平总书记在全军政治工作会议上提出来的，强调铸牢听党指挥这个军魂是军队政治工作的核心任务，任何时候都不能动摇，要求把握和运用新时期铸魂育人规律，加强军魂教育和理想信念教育，改

---

[1] 习近平. 在网络安全和信息化工作座谈会上的讲话（2016 年 4 月 19 日）[M]. 北京：人民出版社，2016：8.

进军队意识形态工作，围绕有灵魂、有本事、有血性、有品德的这个总体目标培养新一代革命军人。习近平关于军队铸魂育人的新理念新思想新战略是习近平新时代中国特色社会主义思想铸魂育人的重要内涵，反映了对新时期军队建设和军队政治工作的准确把握与科学谋划，自然应当成为梳理和呈现用习近平新时代中国特色社会主义思想铸魂育人的研究对象。

（十一）全面从严治党铸魂育人

全面从严治党首先是思想从严，核心在于"铸魂""补钙"，在制度行动全面从严的同时强化铸魂育人全面从严。党的十八大以来，无论是海内外的观察评论，还是国内民众的现实感受，都能说明党和国家政治生活领域的一个重大转变是全面从严治党正在变成制度常态和事实常态。办好中国的事，关键在党，推进当代中国铸魂育人战略工程，同样如此。党员干部没有坚若磐石的理想信念，不带头培育和践行社会主义核心价值观，何以能够发展和壮大党的事业，何以团结带领全国各族人民实现"两个一百年"奋斗目标。坚定理想信念教育是全面从严治党的首要之举，全面从严治党必然要求面向全体党员特别是领导干部深入开展铸魂育人，增强党的凝聚力和战斗力。

上述十一个方面的铸魂育人理论在总体上构成了用习近平新时代中国特色社会主义思想铸魂育人的主要内容。这十一个方面和领域的铸魂育人理论，主要是根据习近平总书记系列重要讲话、工作部署、批示指示等作出的划分，相互间并不是截然分离的，而是紧密联系的，不少方面存在交叉甚至偶有重叠。习近平总书记在不同工作领域围绕当代中国铸魂育人这个总体问题提出了诸多新理念、新思维、新思想、新论断、新要求，就是为了对当代中国铸魂育人进行整体布局，构建覆盖各领域各群体具有"大宣传"特征的铸魂育人一体化机制，从而全面推动铸魂育人贯穿坚持和发展中国特色社会主义全过程，不断巩固马克思主义意识形态主导地位和全国各族人民团结奋斗的共同思想基础，为实现"两个一百年"奋斗目标和中华民族伟大复兴中国梦定心铸魂、凝神聚力。在此意义上讲，用习近平新时代中国特色社会主义思想铸魂育人是习近平治国理政思想体系的重要内涵，是贯穿后者建构和贯彻的逻辑线索。如果把习近平治国理政思想体系比喻为牵引和拉动中国经济社会发展进步的火车头，那么"四个全面"战略布局和铸魂育人就是这个火车头的两个动力组，前者突出物质动力，后者突出精神动力。

二、用习近平新时代中国特色社会主义思想铸魂育人的重点任务

党中央先后对各领域各群体铸魂育人具体任务进行了重点部署，确立了当代中国铸魂育人的具体抓手和现实力量，把铸牢马克思主义政治灵魂、坚定中国梦理想信念、弘扬中国精神、培育和践行社会主义核心价值观这四个方面核心任务，具体落实到各领域各群体铸魂育人实际工作中，在明确各方面工作任务使铸魂育人富有针对性和实效性的同时，也构建起了当代中国铸魂育人的一体化格局和联动机制，确保当代中国铸魂育人能够科学谋划、总体统筹、协调推进、落实到位。以下就高校铸魂育人工作加以分析和阐释。

（一）高校要成为马克思主义理论学习、研究、宣传的重要阵地

2014 年年底召开的第二十三次全国高等学校党的建设工作会议部署了新时期高校党建工作任务。习近平总书记关于高校铸魂育人工作作出重要指示："高校肩负着学习研究宣传马克思主义、培养中国特色社会主义事业建设者和接班人的重大任务。"①这个会议结束后不到一个月，中共中央办公厅、国务院办公厅就在 2015 年 1 月 19 日联合印发了《关于进一步加强和改进新形势下高校宣传思想工作的意见》（以下简称"59 号文件"），对高校马克思主义理论铸魂育人工作进行了整体规划和总体部署，提出高校是意识形态工作的前沿阵地，肩负着学习研究宣传马克思主义，培育和弘扬社会主义核心价值观，为实现中华民族伟大复兴的中国梦提供人才保障和智力支持的重要任务，并强调做好高校马克思主义理论教育工作是一项战略工程、固本工程和铸魂工程。分析内容可知，"8.19"会议（即

---

① 习近平就高校党建工作作出重要指示强调：坚持立德树人思想引领 加强改进高校党建工作 [N]. 人民日报，2014-12-30.

2013 年 8 月 19 日召开的全国宣传思想工作会议）和高校党建工作会议上习近平总书记关于当代中国铸魂育人任务及高校铸魂育人重点任务的重要讲话正是"59 号文件"制定和出台的理论指导与精神原则。因此，习近平在高校党建工作会议上的重要指示，就是我们分析习近平关于加强和改进高校马克思主义理论教育铸魂的直接文本依据。在高校党建工作会议上，习近平指出，要坚持立德树人，把培育和践行社会主义核心价值观融入教书育人全过程；强化思想引领，牢牢把握高校意识形态工作领导权；坚持党的教育方针，坚持社会主义办学方向，加强和改进思想政治工作。① 这一论述把马克思主义理论教育置于首要地位，强调马克思主义理论教育是高校立德树人、强化铸魂育人的首要任务，是高校推进培育和践行社会主义核心价值观的思想引领，是牢牢把握高校意识形态工作领导权、话语权、管理权的根本手段，是坚持党的教育方针和社会主义办学方向的根本保障，是加强和改进大学生思想政治教育工作的本质内涵。之所以要把马克思主义理论教育作为高校铸魂育人的重点任务，主要是因为高校已经成为意识形态领域争夺的前沿阵地，高校抵御和防范敌对势力渗透的任务更加繁重，高校用马克思主义理论、中国梦、中国精神、社会主义核心价值观引领广大师生思想观念建构的任务更加艰巨。只有做好高校马克思主义理论教育铸魂工作，铸牢青年学生的马克思主义信仰之魂，才能培养又红又专、德智体美劳全面发展的社会主义建设者和接班人，才能引领一代青年坚定跟党走。

（二）把思想政治工作贯穿教育教学全过程

这是习近平总书记针对新形势下高校学生铸魂育人工作提出的重点任务。2016 年 12 月 7 日至 8 日，全国高校思想政治工作会议在北京召开，习近平在会上发表了纲领性、战略性和全局性的重要讲话，对新时期进一步加强和改进我国高校思想政治教育，增强高校思想政治教育针对性和实效性，推动大学生铸魂育人工程深入开展提出了高瞻远瞩、提纲挈领的总体要求和任务部署。习近平总书记强调："高校思想政治工作关系高校培

---

① 习近平就高校党建工作作出重要指示强调：坚持立德树人思想引领 加强改进高校党建工作[N]. 人民日报，2014-12-30.

养什么样的人、如何培养人以及为谁培养人这个根本问题。要坚持把立德树人作为中心环节，把思想政治工作贯穿教育教学全过程，实现全程育人、全方位育人，努力开创我国高等教育事业发展新局面。……要坚持不懈传播马克思主义科学理论，抓好马克思主义理论教育，为学生一生成长奠定科学的思想基础。要坚持不懈培育和弘扬社会主义核心价值观，引导广大师生做社会主义核心价值观的坚定信仰者、积极传播者、模范践行者。"①习近平总书记历来高度重视青年学生思想政治教育工作。早在2013年5月4日，习近平在同各界优秀青年代表座谈时就曾深刻指出："青年是引风气之先的社会力量"②，"青年兴则国家兴，青年强则国家强"③，要"用中国梦打牢广大青少年的共同思想基础，教育和帮助青少年树立正确的世界观、人生观、价值观"④，全党全社会都要信任青年、关心青年、帮助青年，为青年塑造认识提供更丰富的机会。在2014年5月4日同北京大学师生座谈时，习近平要求各级党委和政府重视高校工作，始终关心和爱护青年学生成长，引导青年学生"扣好人生的第一粒扣子"⑤。在2016年4月26日同知识分子、劳动模范、青年代表座谈时，习近平对青年学生提出了"胸怀理想、锤炼品格，脚踏实地、艰苦奋斗"⑥的总体要求，强调广大青年应当自觉践行社会主义核心价值观，不断养成高尚品格。

大学生是国家宝贵的人才资源，是民族的希望、祖国的未来。习近平总书记指出："我国高等教育肩负着培养德智体美全面发展的社会主义事业建设者和接班人的重大任务，必须坚持正确政治方向。"⑦"党委要保证高校正确办学方向，掌握高校思想政治工作主导权，保证高校始终成为培

---

① 习近平. 习近平谈治国理政（第二卷）[M]. 北京：外文出版社，2017：376-377.

② 习近平. 习近平谈治国理政 [M]. 北京：外文出版社，2014：52.

③ 习近平. 习近平谈治国理政 [M]. 北京：外文出版社，2014：54.

④ 习近平. 习近平谈治国理政 [M]. 北京：外文出版社，2014：53.

⑤ 中共中央文献研究室. 习近平关于社会主义文化建设论述摘编 [M]. 北京：中央文献出版社，2017：131.

⑥ 习近平. 在知识分子、劳动模范、青年代表座谈会上的讲话（2016年4月26日）[M]. 北京：人民出版社，2016：10.

⑦ 习近平. 习近平谈治国理政（第二卷）[M]. 北京：外文出版社，2017：377.

养社会主义事业建设者和接班人的坚强阵地。"①他在全国高校思想政治工作会议上的讲话中，提出大学阶段是青年学生思想观念、人格心理形成建构的关键时期。他用小麦的"灌浆期"来比喻，强调做好大学生思想政治工作，对于促进青年学生的健康成长、完成高等教育的培养人才任务具有重要意义。在这次重要讲话中，习近平从多个方面对高校思想政治工作，特别是针对青年学生的铸魂育人工程做了科学有序的明确部署。他首先强调了高校铸魂育人的核心内涵与培养目标——高校"要坚持不懈传播马克思主义科学理论，抓好马克思主义理论教育，为学生一生成长奠定科学的思想基础。要坚持不懈培育和弘扬社会主义核心价值观，引导广大师生做社会主义核心价值观的坚定信仰者、积极传播者、模范践行者。"②习近平把马克思主义理论教育和培育践行社会主义核心价值观明确定位为高校青年铸魂育人的核心内涵，实质就是抓马克思主义信仰教育、抓理想信念教育、抓价值观教育，核心还是要围绕人的思想灵魂建构来展开，并将高校铸魂育人的培养目标具体凝练为"三个者"（即坚定信仰者、积极传播者和模范践行者），明确了新时期高校思想政治工作的核心内涵与总体目标。紧接着，习近平强调了高校思想政治工作的本质追求和规律遵循："思想政治工作从根本上说是做人的工作，必须围绕学生、关照学生、服务学生，不断提高学生思想水平、政治觉悟、道德品质、文化素养，让学生成为德才兼备、全面发展的人才。……做好高校思想政治工作，要因事而化、因时而进、因势而新。要遵循思想政治工作规律，遵循教书育人规律，遵循学生成长规律，不断提高工作能力和水平。"③我们知道，科学化始终是思想政治教育学科建设、理论发展和实践探索的主题。思想政治教育致力于人的思想观念世界，致力于人的思想灵魂，努力科学地对待和解决人们的思想观念和灵魂精神的成长发展问题。思想政治教育科学化的前提是要尊重人，要把现实的人作为服务和教育的中心对象。习近平总书记强调高校思想政治工作在根本上是做人的工作，要以学生为本，要心里装着学生，眼里看着学生，做事想着学生，正是确立高校铸魂育人科学推进的人本前提。如何

① 习近平. 习近平谈治国理政（第二卷）[M]. 北京：外文出版社，2017：379.

② 习近平. 习近平谈治国理政（第二卷）[M]. 北京：外文出版社，2017：377.

③ 习近平. 习近平谈治国理政（第二卷）[M]. 北京：外文出版社，2017：377-378.

才能真正实现思想政治教育科学化呢？这就需要遵循铸魂育人规律，包括思想政治工作规律、教书育人规律及学生成长规律。习近平总书记对这三条铸魂育人基本规律的论述很好地体现了用习近平新时代中国特色社会主义思想铸魂育人的科学性与思想性，对于推动新时期思想政治教育的科学发展具有重要的理论指导意义。

思想政治理论课和日常思想政治教育是高校思想政治工作的主渠道与主阵地。习近平指出，创新和加强高校思想政治工作，需要主渠道和主阵地充分衔接、相互配合，需要高校各方面力量合力铸魂育人。"要用好课堂教学这个主渠道，思想政治理论课要坚持在改进中加强，提升思想政治教育亲和力和针对性，满足学生成长发展需求和期待，其他各门课都要守好一段渠、种好责任田，使各类课程与思想政治理论课同向同行，形成协同效应。……要更加注重以文化人以文育人，广泛开展文明校园创建，开展形式多样、健康向上、格调高雅的校园文化活动，广泛开展各类社会实践。"①

与此同时，在这次讲话中，习近平还就高校教师的使命与职责提出了总体要求："教师是人类灵魂的工程师，承担着神圣使命。传道者自己首先要明道、信道。高校教师要坚持教育者先受教育，努力成为先进思想文化的传播者、党执政的坚定支持者，更好担起学生健康成长指导者和引路人的责任。要加强师德师风建设，坚持教书和育人相统一，坚持言传和身教相统一，坚持潜心问道和关注社会相统一，坚持学术自由和学术规范相统一，引导广大教师以德立身、以德立学、以德施教。"②强调高校教师是灵魂工程师，把全体教师纳入高校铸魂育人的"大思政"格局中来。长期以来，高校思想政治教育工作并没有成为高校全体教师的共同使命，立德树人、铸魂育人并没有成为全体教师的共同追求，一些教师只教书不育人，把思想政治教育工作全部扔给思想政治理论课教师和辅导员。习近平总书记注意到了这点，因而特别强调高校立德树人是全体教师的本职工作，全体教师都要把自己置身于高校立德树人、铸魂育人的总体格局之中来要求和提升自己。

---

① 习近平. 习近平谈治国理政（第二卷）[M]. 北京：外文出版社，2017：378.

② 习近平. 习近平谈治国理政（第二卷）[M]. 北京：外文出版社，2017：379.

习近平在全国高校思想政治工作会议上的讲话，深刻回答了新时期高等教育事业发展和高校铸魂育人工程推进的一系列重大问题，指明了新形势下高校铸魂育人工程的主要任务与基本遵循，是关于高校思想政治工作全面创新的纲领性文献。

（三）发挥高校哲学社会科学的重要育人功能

这个重要任务总体上属于高校铸魂育人工作范畴。之所以单独论述这个任务，是由于高校哲学社会科学铸魂育人在今天具有突出重要性。这个重要性既与我国哲学社会科学发展现状有关，也与现今高校意识形态领域的激烈争夺密切相关。高校哲学社会科学繁荣发展的同时，如何充分发挥其铸魂育人功能，培养学生科学世界观、价值观、人生观，促进学生身心和人格健康发展，成为一个亟待解决的重要时代课题。

2016 年 5 月 17 日，哲学社会科学工作座谈会在北京召开，习近平主持座谈会并发表了重要讲话，强调哲学社会科学有着不可替代的铸魂育人作用，要充分发挥高校哲学社会科学的重要铸魂育人功能，对做好新形势下高校哲学社会科学铸魂育人工作提出了总体要求。恩格斯曾经指出："一个民族要想站在科学的最高峰，就一刻也不能没有理论思维。"[①]"只有清晰的理论分析才能在错综复杂的事实中指明正确的道路。"[②]哲学社会科学具有认识世界、传承文明、创新理论、咨政育人、服务社会的重要功能，"其发展水平反映了一个民族的思维能力、精神品格、文明素质，体现了一个国家的综合实力和国际竞争力"[③]。正是在此意义上，习近平强调，坚持和发展中国特色社会主义需要实践和理论上的不断创新，哲学社会科学在其中发挥着不可替代的重要作用。紧接着，习近平回顾了世界范围内人类文明进程中涌现的卓越思想家及其代表性学说，总结了马克思主义的理论渊源、传播发展及其中国化的伟大理论成就，在分析了当前我国哲学社

---

① 中共中央马克思恩格斯列宁斯大林著作编译局. 马克思恩格斯选集（第三卷）[M]. 北京：人民出版社，2012：875.

② 中共中央马克思恩格斯列宁斯大林著作编译局. 马克思恩格斯全集（第三十七卷）[M]. 北京：人民出版社，1971：283.

③ 习近平. 在哲学社会科学工作座谈会上的讲话（2016 年 5 月 17 日）[M]. 北京：人民出版社，2016：2.

会科学发展的现实状况及其面临和要解决的突出问题之后，用极具感染力的深刻论述来激励当代中国的整个哲学科学界。习近平指出："历史表明，社会大变革的时代，一定是哲学社会科学大发展的时代。当代中国正经历着我国历史上最为广泛而深刻的社会变革，也正在进行着人类历史上最为宏大而独特的实践创新。这种前无古人的伟大实践，必将给理论创造、学术繁荣提供强大动力和广阔空间。这是一个需要理论而且一定能够产生理论的时代，这是一个需要思想而且一定能够产生思想的时代。我们不能辜负了这个时代。自古以来，我国知识分子就有'为天地立心，为生民立命，为往圣继绝学，为万世开太平'的志向和传统。一切有理想、有抱负的哲学社会科学工作者都应该立时代之潮头、通古今之变化、发思想之先声，积极为党和人民述学立论、建言献策，担负起历史赋予的光荣使命。"① 由此可见，习近平总书记非常重视哲学社会科学工作者及其开展的工作、所取得的成就。他把这项工作置于当代中国社会正在经历的伟大变革之中，视哲学社会科学创新为中国特色社会主义发展的助推器。

哲学社会科学的知识性、思想性、学术性和人文性都是以意识形态性为根本前提的，虽然这种意识形态前提有时候是以自觉显性的方式出场，有时候是以被动隐蔽的方式出场。这就要求哲学社会科学不仅要提供科学的世界观及改造世界的思维方法，还要引导社会成员形成科学的价值观和人生观，强化马克思主义的意识形态指导地位，铸牢社会成员的信仰信念之魂；不仅要提供民族国家发展进步的社会理想和崇高信仰，还要积极发挥人文教养功能，传承文明、陶冶情操、提升品位、滋养心灵、以文化人，不断巩固全国各族人民团结奋斗的共同思想道德基础。哲学社会科学的意识形态特征及其铸魂育人效果在高校对青年学生思想灵魂的影响尤其明显，对帮助青年学生坚定正确的政治方向，正确认识和分析复杂的社会现象，提高思想道德修养和精神境界具有十分重要的作用。因此，习近平总书记强调，高校哲学社会科学要发挥重要的铸魂育人功能，要坚持马克思主义指导思想这个灵魂，教育引导学生形成正确的世界观、人生观、价值观，解决好真学真懂真信的问题；"提高道德修养和精神境界，养成科学思维

---

① 习近平. 在哲学社会科学工作座谈会上的讲话（2016 年 5 月 17 日）[M]. 北京：人民出版社，2016：8.

习惯,促进身心和人格健康发展"①;抓好教材体系建设,加强话语体系建设,注重协同推进;"充分发挥马克思主义理论研究和建设工程、中国特色社会主义理论体系研究中心、马克思主义学院、报刊网络理论宣传等思想理论工作平台的作用,深化拓展马克思主义理论研究和宣传教育"②;充分保障和发挥马克思主义理论学科在哲学社会科学研究和教育中的领航作用;"实施以育人育才为中心的哲学社会科学整体发展战略,构筑学生、学术、学科一体的综合发展体系"③,进一步增强高校哲学社会科学铸魂育人的系统性和实效性。这是习近平总书记立足新形势高校哲学社会科学发展现状,以及高校青年学生思想灵魂铸育的新特征新问题,针对性地提出推动高校哲学社会科学发展所要贯彻落实的青年学生铸魂育人重要任务。

除高等教育领域的铸魂育人重点任务之外,习近平还对其他领域一些关涉全局和长远的铸魂育人任务进行了专门论述,如网络空间铸魂育人、铸牢强军之魂、新闻舆论和文艺工作战线铸魂育人等。另外,关于传承和弘扬中华传统文化,习近平强调要对中华传统文化进行创造性转化,要实现中华优秀传统文化的创新性发展,"要讲清楚中华优秀传统文化的历史渊源、发展脉络、基本走向,讲清楚中华文化的独特创造、价值理念、鲜明特色,增强文化自信和价值观自信"④,"引导人们树立和坚持正确的历史观、民族观、国家观、文化观,增强做中国人的骨气和底气"⑤。针对新时期宗教工作,习近平提出要牢牢掌握宗教工作主动权,积极引导宗教与社会主义社会相适应,最大程度地把广大信教和不信教群众团结起来,坚决抵御境外利用宗教进行渗透,防范极端宗教思想侵害;共产党员要做坚定的马克思主义无神论者,教育引导青少年相信科学、学习科学、传播科学,

① 习近平. 在哲学社会科学工作座谈会上的讲话(2016年5月17日)[M]. 北京:人民出版社,2016:23.

② 习近平. 在哲学社会科学工作座谈会上的讲话(2016年5月17日)[M]. 北京:人民出版社,2016:25.

③ 习近平. 在哲学社会科学工作座谈会上的讲话(2016年5月17日)[M]. 北京:人民出版社,2016:27.

④ 习近平. 习近平谈治国理政[M]. 北京:外文出版社,2014:164.

⑤ 习近平. 在文艺工作座谈会上的讲话(2014年10月15日)[M]. 北京:人民出版社,2015:24.

树立正确的世界观、人生观、价值观。[①] 针对国企党建工作，习近平强调全面从严治党要在国有企业落实落地，"要把思想政治工作作为企业党组织一项经常性、基础性工作来抓，把解决思想问题同解决实际问题结合起来，既讲道理，又办实事，多做得人心、暖人心、稳人心的工作"[②]，切实抓好基层党组织建设和职工群众的思想政治工作。可见，习近平关于当代中国铸魂育人的重要论述，覆盖全域、贯穿全程，重点突出，总体构建了当代中国铸魂育人战略工程的科学理论指南和行动路线图。

① 习近平. 发展中国特色社会主义宗教理论 全面提高新形势下宗教工作水平 [N]. 光明日报，2016 -04 -24.
② 习近平. 习近平谈治国理政（第二卷）[M]. 北京：外文出版社，2017：178.

第二章　全媒体时代高校铸魂育人的理论分析

随着互联网技术的不断发展，媒体资源的不断丰富，以数字杂志、数字电视门户网站、智能手机等为代表的新媒体与报纸、期刊、广播、电视等传统媒体交织融合发展，协同构成了全新的媒介形态，标志着全媒体时代的到来，同时，也预示着全媒体将成为未来一定时期内的发展趋势。在2006年发布的《国家"十一五"时期文化发展规划纲要》和2007年11月发布的《新闻出版业"十一五"发展规划》两个文件中，"全媒体资源服务平台""全媒体经营管理技术职称平台""全媒体应用整合平台"等项目被提上日程。这也是"'全媒体'概念作为媒介发展方向在我国首次以官方文件的形式正式提出"①。

中共中央办公厅、国务院办公厅在2017年1月印发的《关于实施中华优秀传统文化传承发展工程的意见》强调，要"综合运用报纸、书刊、电台、电视台、互联网站等各类载体，融通多媒体资源，统筹宣传、文化、文物等各方力量，创新表达方式，大力彰显中华文化魅力"②。这表明，全媒体在思想政治教育工作中扮演着传播桥梁的角色，也是党中央着眼于新时代，站在战略制高点对学校思想政治教育工作的创新发展提出的新要求。习近平总书记于2019年1月25日在十九届中央政治局第十二次集体学习会议上指出，全媒体时代是个大趋势，媒体融合发展是篇大文章，伴随着互联网的发展，"出现了全程媒体、全息媒体、全员媒体、全效媒体，信息无处不在、无所不及、无人不用"③。这也更加体现了党中央对全媒体发

① 姚君喜，刘春娟. "全媒体"概念辨析 [J]. 当代传播，2010（06）：13-16.
② 中共中央办公厅 国务院办公厅印发. 关于实施中华优秀传统文化传承发展工程的意见 [N]. 人民日报，2017-01-26.
③ 习近平. 习近平谈治国理政（第三卷）[M]. 北京：外文出版社，2020：317.

展的高度重视。在全媒体时代，学校思想政治教育的创新发展，要遵循时代发展的规律、符合时代发展要求，这就要求学校思想政治教育工作者"要运用新媒体新技术使工作活起来，推动思想政治工作传统优势同信息技术高度融合，增强时代感和吸引力"①，积极发挥思想政治教育创新发展理论的引导作用，引领青少年成长成才，培养德智体美劳全面发展的社会主义事业建设者和接班人。本章主要阐述全媒体及其发展趋势、全媒体时代高校铸魂育人的理论渊源和重要意义，为进一步的研究做好理论准备。

第一节　全媒体与全媒体时代

一、全媒体及其发展趋势

全媒体是在适应社会发展与技术进步的基础上产生与发展起来的，是针对以纸媒为主的传统媒体、以电视、广播为主的现代媒介和以手机、网络等为载体的新媒体融合共存而提出的。它既是对全部媒体的囊括，也是对目前所有传播形态的动态描述。全媒体作为一种全新的信息传播手段，伴随着数字视频技术的发展与各类媒介终端的出现，将迈进一个更新的领域，拥有更加广阔的发展前景。

（一）全媒体概念与基本特征

1. 全媒体概念的界定

关于全媒体的概念，学界并没有准确而统一的界定，大部分学者相对认可的概念基本是从两个不同角度进行界定的：一类是从媒介的运行形式界定，认为全媒体是各行业处理事务时的一种运作形式和方法，或者是指运用多样化的媒介手段，结合媒介传播的多元化平台共同建立的一种多平台、全方位、立体式、多落点的报道体系，它主要是由报刊、广播、电视等传统媒介与互联网、大数据、云计算等新媒体共同构成。② 这一界定比较

---

① 习近平. 习近平谈治国理政（第二卷）[M]. 北京：外文出版社，2017：378.

② 石长顺，景义新. 全媒体的概念建构与历史演进 [J]. 编辑之友，2013（05）：51-54，76.

狭隘。另一类是从传播形态界定。姚君喜、刘春娟指出：全媒体是在具备文字、图形、图像、动画、声音和视频等各种媒体表现手段基础上进行不同媒介形态（纸媒、电视媒体、广播媒体、网络媒体、手机媒体等）之间的融合，产生质变后形成的一种新的传播形态。[①] 此外，杨曦阳将全媒体的概念界定为："全媒体是指在综合运用数字信息技术和互联网技术的条件下，不同的传播载体形态，通过在传播内容形式上综合运用人们接收信息的全部感官（包括视、听、形象、触觉等）可以感知的各种多媒体表现手段（包括文字图形、图像动画动漫、网页与音频视频等）进行深度融合而产生，并借助于一定的信息传输渠道而迅速传播的一种具有大众化、开放性和包容性特点的新型媒体传播形态与运营模式。"[②]

上述全媒体概念的界定主要突出三个特征。一是"多"，是指多种媒介、多样内容、多个平台、多样化传播形态及多种表现手段等。二是"全"，是指媒体形态全、传播形式全、传播过程全、受众分类全。三是"融"，是指多种媒介之间的融合、多种媒介内容的融合、多种媒介传播形态的融合及多种媒介表现手段的融合。

基于此，笔者认为全媒体的概念可以概括为：全媒体是指在整合运用传统媒体与新媒体的扬弃过程中，不同的媒介形态，通过传播内容与多种媒介的各种表现手段进行深度融合产生的一种具有零时差、多主体、强互动，并集内容、信息、社交、服务等于一体的无所不及、无人不用的新型传播形态。

2. 全媒体的基本特征

全媒体是在新旧媒体的不断融合过程中产生的一种传播形态，它既不是只有报刊、广播及电视媒体而无网络信息技术的传统媒介，也不是已有大数据、云计算等发达媒介信息技术但却没有与传统媒介形态进行相互融合的新媒介。全媒体作为传统媒体与新媒体深度融合的产物，具有新旧媒体融合产生的共性或促使新旧媒体之间构成某种联系的一系列特征。

（1）融合性与渗透性

全媒体时代，互联网信息技术发展迅猛，媒介生存环境更加复杂。在此态势下，各类媒介都积极分析自身的优势与不足，在新形势与新环境中

① 姚君喜，刘春娟. "全媒体"概念辨析 [J]. 当代传播，2010（06）：13-16.
② 杨曦阳. 全媒体时代思想政治教育新论 [M]. 长春：吉林文史出版社，2017：89.

努力探寻新的发展方向，主动运用互联网技术，结合多样化的媒体传播平台，实现自己与其他媒介的深度融合与创新发展。习近平强调："推动媒体融合发展、建设全媒体成为我们面临的一项紧迫课题。"①媒体融合不仅是全媒体时代发展的流行趋势，还是新旧媒体改革创新的必由之路。因此，各类媒介的相互渗透、彼此融合成为全媒体最主要的特征，其实现了全媒体在内容、手段、服务方面的全方位、立体式的集成整合，形成一条"信息链"，使人们的信息获取更具有同步性、零时差，提高了受众的参与度，丰富了受众的感官体验。

（2）丰富性与系统性

在全媒体不断传播过程中，形成了纷繁复杂、各式各样的海量信息，为人们提供了丰富多彩的内容，人们可通过不同的信息源选择自己喜欢与需要的内容。全媒体是一个全方位、多层次的传播形态，面对不同的受众，可提供细致化的服务，因此，全媒体具有系统性特征。全媒体不是所有媒体简单的集合，而是通过各种传播渠道与手段的综合运用实现利益最大化。受众可以根据自己现有的条件，结合自身需求与特点，参与媒体传播活动，感受全媒体更加高效、更加精准的传播。

（3）交互性与受众的平等性

在全媒体的传播与运用过程中，逐渐超越了传统媒体在传播者与信息接收者之间的单一主动或单一被动的关系。在全媒体的传播与运用过程中，信息发布者与信息接收者之间没有明显界限，角色定位比较模糊。信息的发布者可以成为信息的接收者，同时，信息的接收者也可以成为新信息的发布者，他们在发布或接收信息的同时，又可以与其他信息发布者或信息接收者主动交流、及时反馈，呈现出强烈的互动趋势。信息发布者在接收信息的过程中，其身份就会发生转变，由信息发布者转为信息的接收者，因此，我们也称其为传播客体。与此同时，之前的信息接收者转变为信息发布者，即传播主体。由于互联网技术与信息技术的迅猛发展和应用，全媒体才有了实质性的变革，传播形态的互动功能才不断增强。在这一互动过程中，传播主体、客体都具有平等性，他们的地位、身份、话语权等都

---

① 习近平. 论党的宣传思想工作 [M]. 北京：中央文献出版社，2020：353.

是平等的，能够主动选择自己的身份、发布内容及选择媒体信息。

（4）多元性与可选择性

随着媒体传播形态的多样化，全媒体时代所有信息都可以通过各式各样的媒介去传播，如智能手机、互联网或电台、广播等媒介，相应地，人们也可以通过多元化的媒介去获取自己需要或喜欢的内容。这一过程中，人们可以自主选择符合自己或自己较为适应的传播媒介来获取媒介内容或发布信息，因此，全媒体的传播与接受方式不仅具有多元性，还具有可选择性。但由于人们自身认知与行为的差异，在选择的过程中容易产生盲目或者错误的选择，这就需要人们提高媒介素养意识，增强自身的媒介素养能力。

（5）娱乐性与虚拟性

随着全媒体技术的发展、传播形态的多元化，可供人们休闲娱乐的平台也逐渐多了起来，像在线游戏、网络直播、"抖音"、"快手"等各种时下流行的娱乐方式，一方面促进了人们的交流，满足了人们的精神消费需求与学习需要，另一方面也开拓了空间与视野，提升了人们接收与发布信息的积极性、主动性。此外，这些平台也具有虚拟性特征，虚拟的个人信息、内容、背景等容易导致部分受众的信息辨别能力出现偏差，分辨不清虚拟与现实，也会出现受众深陷网络、沉迷于游戏，甚至网络暴力等现象。

（二）全媒体的发展趋势

近年来，随着智能手机、搜索引擎、网络媒体等新媒体的迅猛发展，杂志、报纸、广播、电视等单一媒体形态的传统媒体受到很大挑战，这种情况下，一种崭新的全媒体形态发展起来。在未来，全媒体将代替旧媒体和新媒体，开辟一个新的时代。传统媒体积极的锐意改革势不可挡，新媒体创新融合发展成为媒体创新的必然趋势。正如亨利·詹金斯（Henry Jenkins）所说："不管我们是否准备好了，我们已经身处融合文化之中。"[①] 新旧媒体相互渗透、取长补短、兼容并蓄、共同发展，化竞争为合作，成为未来全媒体时代发展的主旋律。目前，我国全媒体的发展趋势主要体现

---

① 亨利·詹金斯. 融合文化：新媒体和旧媒体的冲突地带 [M]. 杜永明，译. 北京：商务印书馆，2012：15.

在以下三个方面。

1. 锐意改革的传统媒体实现全媒体转型

由于新媒体的迅速崛起和新媒体技术的广泛应用，云计算、大数据、物联网等新信息技术的兴起，使新媒体在传播方式、信息服务上表现出很大的优势，传统媒体遭遇极大挑战，同时也失去了群体性关注。而传统媒体"内容为王"的品牌效应是新媒体无法企及的优势，所以，传统媒体向新媒体领域进军，在保留原有内容资源的同时，通过运用新媒体技术融合新媒体手段，锐意改革，重新转型，并将失去的受众重新集结起来。与此同时，新媒体在形式丰富、手段多样的发展基础上应该"未雨绸缪"，注入新鲜血液，提高信息的丰富性与引导性，否则，新媒体在新鲜感过后，也会失去一定的关注度。在全媒体的发展过程中，传统媒体融合新媒体形式提高了资源整合、平台建构、后台保障等能力，提升了受众的吸引力与影响力；而新媒体也得到了再次创新升级的机会，弥补了信息内容的不足，满足了受众在获取信息内容时的需求，因此，传统媒体的锐意改革也同样是新媒体的转型升级，传统媒体与新媒体的融合推动了全媒体建设的步伐。

2. 数字视频新媒体拥有广阔的发展前景

智能设备与网络技术的普及赋予了传统纸媒新的传播方式与传播产品形式，例如人民日报社新媒体中心联合新浪微博，打造了全国移动直播平台"人民直播"；新京报与腾讯强强联手推出的新闻直播节目"我们视频"等。视频新媒体的发展将催生出更多图文和音视频内容的生产及信息服务形式的变革，实现更高层次的图文、视频、音频的立体式、全方位发展和运营模式，带动整个媒体行业的发展。

3. 各种媒介形态的产生和终端更加细分化

全媒体的未来发展趋势很明显的特征就是在媒介的生产流程上更加专业化、细分化。在全媒体时代，由于生产的复杂程度提升，极有可能引起产业流程的升级再造和专业分工，无论是信息的包装还是平台的提供者都日趋走向专业化，只有从源头上解决未来发展中可能存在的隐患，才能在各种竞争态势下走得更远。如今，电子杂志、数字报纸及智能手机领域的细分化趋向已经显现。同时，媒体形态的细分化，具有延展性：从简单的报纸延展细分出手机报纸、数字报纸；广播电视细分出手机电视、网络电视等更加丰富的新型产品形态。此外，随着技术的发展，网民的大幅增加和手机的广泛使用，使得手机与互联网成为用户获取信息的重要平台，而iPad、PDA智能终端、笔记本电脑等新型移动接收终端的出现也促进了传播网络的分化。

二、全媒体时代

信息技术升级带来了传播秩序的深层次变革，并将人们置于跨时空、数字化、互动与多功能一体化的全媒体环境中。为适应这一趋势，全媒体开始不断摆脱最初传统媒体对新媒体传播进行尝试这一浅表形式，以及传统媒体与新媒体叠加使用的初级阶段，逐渐转变为各层级媒体的深度融合。推动媒体的融合传播，建设全媒体传播体系，成为新时代媒体发展的趋势。

伴随着互联网的蓬勃发展、传播技术的跨越式升级及传统媒体与新兴媒体的融合发展，不仅信息的生产方式和传播方式发生了重大变化，人类社会也经历着深刻变革，人们的心理预期和信息接收习惯逐渐演变、调整，人类思想文化传播呈现出新的特点。

从信息传播的历史进程来看，媒体的发展经历了从精英媒体到大众媒体再到融合媒体三个阶段。在融合媒体阶段，新技术的应用改变了民众的生活方式和行为方式，使民众可以依托各类媒体平台轻松地参与到信息传播中去，并为信息传播提供了更广阔的传播媒介平台。

第二节   全媒体时代高校铸魂育人的理论渊源

用习近平新时代中国特色社会主义思想铸魂育人是有着马克思主义原理根基的，是有着马克思主义中国化理论传统的，是有着中华文化充分滋养的，是历史传承和时代智慧的融合产物。因此，全媒体时代高校的铸魂育人，只有汲取马克思主义理论及其他人类社会发展的文明成果的丰富营养，从而构建其厚重而坚实的理论基础，即一个科学的理论基础，才能保证其在实践中得到有效实施。本书将从马克思主义基本原理、中华优秀传统文化中的铸魂育人思想、中国共产党历代领导人关于铸魂育人的重要论述和西方相关理论的借鉴研究等方面，对高校铸魂育人理论渊源进行阐释。认清高校铸魂育人的理论渊源，是对高校铸魂育人问题认知的抽象与升华。

一、运用马克思主义基本原理铸魂育人

思想政治教育源于无产阶级提升自身道德素质的现实需要，同时也是实现解放、追求人的自由全面发展的内在要求。马克思主义关于人的本质理论、人的全面而自由发展理论及人的价值理论等内容不仅科学地解释了人的发展规律，更为当前高校铸魂育人的理论形成奠定了思想根基。

（一）人的本质理论

从唯物史观的角度出发，马克思认为"人的本质不是单个人所固有的抽象物，在其现实性上，它是一切社会关系的总和"[①]。此处，马克思将人的本质赋予了"社会性""现实性"及"实践性"，由此也衍生出马克思基于"人的本质"的思想。

1. 铸魂育人要以"现实的人"为出发点

马克思在思考人的本质时，首先强调了人的自然属性，即人是有生命的个人的存在，为了生活首先要满足衣食住行等方面的基本需求。其次，"现实的人"是处于一定历史、社会关系中的人，对青少年进行道德教育，不仅要以青少年的自我需求为出发点，更要结合青少年所处的时代背景及社会关系特点，依据现实的社会物质关系和社会精神关系，从而规范和调节青少年的社会行为。最后，在阶级社会中，铸魂育人也具有阶级性。运用马克思主义理论铸魂育人是建立在培养无产阶级道德品格的阶级立场上，将铸魂育人与无产阶级革命相结合，通过思想教育引导无产阶级的意识觉醒。所以，对铸魂育人标准进行评价时，先要看其内容、要求是否满足了

---

① 中共中央马克思恩格斯列宁斯大林著作编译局. 马克思恩格斯选集（第一卷）[M]. 北京：人民出版社，2012：139.

最广大人民的根本需求，是否反映了无产阶级的思想意志。

2. 铸魂育人要随着社会物质生产水平的变化而变化

马克思指出："个人是什么样的，这取决于他们进行生产的物质条件"[①]，物质条件不仅包含了社会生产力发展水平，更涵盖着一种思想形成的现实基础。换言之，道德是一种高级的社会意识形态形式，是对经济基础的直接反映，不同的物质生产条件就会孕育不同的道德观念。所以，铸魂育人理论也要随着时代演进而不断丰富和发展。另外，道德不仅是一个民族、一个国家世代相传的精神内核，更是民族文化的重要体现。要汲取优秀传统文化中的铸魂育人资源，在保持本民族精神独立性的基础上，加强新时代道德体系的构建。

3. 铸魂育人要在实践活动中充分发挥人的主观能动性

要让青少年在生产劳动中丰富自己的精神世界，创造自己的价值。因为，一个人的道德、才干不是生来就有的，而是在实践中不断学习和积累的。铸魂育人作为社会实践活动的一种，直接作用于培养人的社会性。所以，在铸魂育人实践中，要充分调动受教育者的主观能动性，加强其改造主观世界的积极性和主动性，变被动接受为主观学习，从而形成道德养成的良好机制。

（二）人的自由全面发展理论

人的自由全面发展理论是铸魂育人的重要基石。首先，马克思认为："人以一种全面的方式，也就是说，作为一个完整的人，占有自己的全面的本质"[②]，发挥人的全面性就是推动个人能力发展到最大程度，对德智体美劳进行全面提升。具体说来，一是对人的需要的全面实现。从人的需求来看，人的需求是分层次的，物质需要是满足生存的基本需要，精神需要和发展需要是人的更高级别的需要，而实现人的全面发展就是人追求自身需要并不断被满足的过程。人的实践活动首先满足的是以衣食住行为核心的生存需要，随着活动的不断丰富，人们又会产生对知识、审美、发展、情感等

① 中共中央马克思恩格斯列宁斯大林著作编译局编译. 马克思恩格斯选集（第一卷）[M]. 北京：人民出版社，2012：147.

② 中共中央马克思恩格斯列宁斯大林著作编译局编译. 马克思恩格斯全集（第三卷）[M]. 北京：人民出版社，2002：303.

多层次的需要，因此社会需要给人们提供了能够满足其生存与发展需要的社会环境。二是对社会关系的充分扩展。社会关系的发展程度能够决定人的发展程度，只有在丰富、广泛的交往活动中，人们才能在不断的实践活动中建立联系，从而满足精神层面的多种需要。三是人的能力的大幅提高。人的能力不仅包括认知能力，更包括实践能力，同时还包括人的心理和身体素质，是德智体美劳等的全面概括。四是对人的个性的充分发展。人的个性是个人保持自身独特性的重要体现，也是社会多样性的重要元素。保持人的个性就是尊重每个人的主体地位，自主选择和实现自己的人生目标。

（三）人的价值理论

马克思关于人的价值理论不仅强调了人的价值的实现途径，更为马克思主义价值观提供了重要理论支撑。首先，人的价值的实现要注重自我价值和社会价值相统一。具体说来，就是实现人的价值，不仅要提升自身创造价值的能力，更要将个人价值的实现放置于社会关系之中，为实现更多人的幸福而奋斗和奉献。一个人不仅要为了自身的幸福而奋斗，更要为人类的福祉而努力。马克思曾在"青年在选择职业时的考虑"一文中表示，青年在择业之际，如果选择了为人类福祉而努力的职业，那么他的幸福将属于千百万人。此后，马克思在追求自己的理想中实现了自己的人生价值。其次，实现个人价值的唯一途径是参与社会实践。我们在正确处理个人价值与他人、社会、国家之间关系的同时，更重要的是用正确的价值理念指导我们的实践。当前，实现个人价值的重要途径就是将个人的发展与我国社会主义建设实际相结合，在实现中国梦的伟大征程中贡献自己的光和热。所以，铸魂育人的目的不仅在于培养大学生树立共产主义的远大目标和奋斗精神，更重要的是在实现自我价值的同时为社会贡献自己的能量。习近平指出："要以国家富强、人民幸福为己任，胸怀理想、志存高远，积极投身中国特色社会主义伟大实践，并为之终生奋斗。"①

（四）马克思主义信仰教育理论

作为马克思主义的创立者，马克思和恩格斯使无产阶级的科学理论深

---

① 习近平. 在知识分子、劳动模范、青年代表座谈会上的讲话（2016年4月26日）[M]. 北京：人民出版社，2016：11.

入广大无产阶级和工人阶级中，把马克思主义理论体系与实际生活联系，形成共同的信仰观念，从而更好地掌握群众和促进社会发展。在那个信仰几乎被等同于宗教的时代背景下，马克思和恩格斯让人们彻底地看清了宗教与信仰之间的区别。马克思指出："一切宗教都不过是支配着人们日常生活的外部力量在人们头脑中的幻想的反映，在这种反映中，人间的力量采取了超人间的力量的形式。"① 它并不能够解决现实生活中的问题，仅仅是人们为了躲避在现实生活中所遭受苦难的场所，是一种心理安慰和寄托，至此马克思把信仰从宗教的束缚中解放出来。恩格斯谈道："到处我都碰到一些新近改变信仰的人，他们都在无比热情地讨论和传播共产主义的思想。"② 马克思给友人的一封信中写下："在我们的敌人队伍里，仍然有许多信仰共产主义的战士，比如亲爱的泰斯……在与我一同探讨和研究了资本论之后，他就从信仰普鲁东主义改为信仰共产主义了。"③ 由此可见，他们都把马克思主义、共产主义看作是一种信仰。列宁认为不能单单在口头上表达，要以马克思主义为指导原则结合实践分析运用，否则就不是真正的信仰马克思主义。列宁反对盲目崇拜，在《怎么办》中提出了"灌输法"："马克思主义是科学的理论体系，工人本来也不可能有社会民主主义的意识。这种意识只能从外面灌输进去。"④ 强调阶级意识是需要从外部进行灌输才能形成的。关于青年教育，他提出青年应在教育中树立马克思主义信仰，在实践中深化马克思主义信仰，号召广大青年积极投入志愿服务行列，以此对青年进行共产主义教育。

① 中共中央马克思恩格斯列宁斯大林著作编译局. 马克思恩格斯选集（第三卷）[M]. 北京：人民出版社，2012：703.
② 中共中央马克思恩格斯列宁斯大林著作编译局. 马克思恩格斯全集（第二卷）[M]. 北京：人民出版社，1957：593.
③ 中共中央马克思恩格斯列宁斯大林著作编译局. 列宁全集（第二十四卷）[M]. 北京：人民出版社，1990：276.
④ 中共中央马克思恩格斯列宁斯大林著作编译局. 列宁选集（第一卷）[M]. 北京：人民出版社，2012：317.

二、中华优秀传统文化中的铸魂育人思想

（一）"君子忧道不忧贫"（《论语·卫灵公》）的精神内核

自古以来，儒家推崇以"圣人""君子"为目标的自我追求，读书人更是以君子的德行来规范自身行为，这是我们良好的文化传统。古人在道德底线方面，以"己所不欲，勿施于人"（《论语·颜渊》）为尺度，秉承着与人为善的良善之心，时刻注重自我的正心修身；在理想信念方面，更是追求"大道之行也，天下为公"（《礼记·礼运》），以"兼善天下"（《孟子·尽心上》）为精神追求；在道德行为方面，提倡"勿以善小而不为"（《三国志·蜀志传》），积德行善融入了古人日常生活的方方面面。

（二）以仁、义、礼、智、信为核心的价值追求

仁、义、礼、智、信是中国传统文化基本的道德规范和价值取向，不仅包含着自古以来社会发展共同维系的伦理道德，更凝聚着几千年来中华民族不断发展的精神实质。自古以来，我们就有立德、立功、立言的价值追求，以仁、义、礼、智、信为内容的行为规范更是培养人才、治国安邦的重要法宝。这些传统文化中的价值取向不仅深深地融入了中国人的骨血，更是中华民族的精神标识，为社会主义核心价值观的建立提供了丰富的文化资源。

（三）修身、齐家、治国、平天下的家国情怀

修身、齐家、治国、平天下是古代先贤进行道德培养的步骤，也体现了道德追求的完整体系。由内及外，由个人到胸怀天下，体现了个体道德内化与外化相统一的完整过程。修身为首，突出了修身对个人发展、家庭和睦、国家兴盛、天下太平的重要作用。修身、齐家、治国、平天下的思想对当前社会主义核心价值观的践行有积极影响，都是从个人、社会、国家多个层面强调修德的重要性。

除此之外，中华优秀传统文化中还包含诸多铸魂育人的方法和原则，如学思结合、知行合一、因材施教、内省慎独、寓教于乐等，也为高校铸魂育人提供了精神支持。

三、中国共产党历代领导人关于铸魂育人的重要论述

中国共产党自成立以来十分重视思想政治教育工作，在实践中发扬与时俱进的优良作风，根据我国不同时期的具体国情及国际环境，不断丰富、发展、创新思想政治教育理论，取得了不凡的成就。党的历代领导人在不同的时代背景下，对思想政治工作提出了不同的要求。总体上看，我国铸魂育人理念一直围绕着"培养人"这个中心命题而展开。

（一）毛泽东关于思想政治教育的论述

毛泽东一直十分注重思想政治教育工作。毛泽东不仅继承与发扬了马克思主义思想政治教育理论，同时还应用马克思主义思想及理论解决了中国革命与建设的实际问题，形成了一系列关于思想政治教育的论述。

关于思想政治教育的内容。中华人民共和国建立初期，《中国人民政治协商会议共同纲领》第四十二条提出"爱祖国、爱人民、爱劳动、爱科学、爱护公共财物"[1]的"五爱"共产主义道德，以此来教育广大人民群众成为具有"五爱"共产主义公德的人。另外，中国共产党是始终坚持马克思主义的政党，毛泽东也非常注重开展马克思列宁主义的思想教育，提出无论是知识分子、学生在进行专业学习之外，必须学习马克思列宁主义思想与理论、时事政治，在思想上、政治上有所提升。毛泽东认为人民群众蕴含着巨大的力量，社会主义事业的建设无法脱离群众，社会主义事业必须依赖广大人民群众才能取得成功。他指出，共产党员不应把个人利益放在首位，大公无私、克己奉公、埋头苦干的精神才是最受尊敬的，应以个人利益服务于民族与人民的利益。

关于思想政治教育的地位和作用。毛泽东认为思想政治教育应是学校开展教育的首要工作，也是党在各个时期的中心任务，同时，思想政治教育也为党各个时期的工作服务。开展思想政治教育工作是全党进行伟大政治思想斗争的中心内容，如果思想政治教育工作不妥善解决，党的一切任务将无法有效达成。另外，中国的教育方针应该使教育者在德育、体育与智育等方面得到全面发展："我们所主张的全面发展，是要使学生得到比

---

① 中共中央文献研究室. 建国以来重要文献选编（第一册）[M]. 北京：中央文献出版社，1992：11.

较完全的和比较广博的知识，发展健全的身体，发展共产主义的道德。"①

（二）邓小平关于思想政治教育的论述

邓小平十分重视思想政治教育工作。邓小平关于思想政治教育的论述，顺应了时代发展潮流，发挥了党的优良传统和政治优势，为中国的改革开放提供了助力。

关于思想政治教育的内容。邓小平根据中国社会发展状况，提出了"最根本的是要使广大人民有共产主义的理想，有道德，有文化，守纪律"②。他还在全国共青团思想政治工作会议上提出要培养有理想、有道德、有文化、有纪律的共产主义新人。邓小平坚持要对广大人民群众经常进行教育，特别是青少年，同时指出，在培养下一代过程中一定要教育他们为共产主义的伟大理想而奋斗。另外，邓小平还非常关注青少年的爱国主义教育，认为增强爱国主义教育，能够团结全国人民，增强人民的凝聚力，能够树立为社会主义事业奋斗终生的伟大目标。

关于思想政治教育的地位和作用。邓小平重申了毛泽东关于思想政治教育的论述中将思想政治教育作为首位的观点，指出学校教育应将思想政治教育作为第一位。关于思想政治教育的作用问题，邓小平认为思想政治教育既服从于经济建设，也可以反过来对经济建设起到支持、服务与促进的作用。

（三）江泽民关于思想政治教育的论述

江泽民关于思想政治教育的论述，是我国处于世纪之交这一背景下产生的。这些论述，解决了我国发展时期的一系列问题，提高和培育了全国人民的思想道德水平和科学文化素养，使我国在当时竞争激烈的国际环境中立于不败之地。

关于思想政治教育的内容。江泽民提出："深入持久地开展以为人民服务为核心、集体主义为原则的社会主义道德教育，加强民主法制教育和

---

① 中共中央文献研究室. 毛泽东思想年编（1921—1975）[M]. 北京：中央文献出版社，2011：857.

② 邓小平. 邓小平文选（第三卷）[M]. 北京：人民出版社，1993：28.

纪律教育，引导人们树立正确的世界观、人生观、价值观。"①江泽民还明确提出要加强"三观"教育，主要强调坚持马克思主义世界观、树立为共产主义事业不懈奋斗的人生理想观、正确认识人生价值观三个方面。

关于思想政治教育的地位和作用。江泽民有关思想政治教育的论述中一直强调将思想政治教育置于首要位置，认为党的思想政治工作是经济工作和其他一切工作的"生命线"。江泽民还强调，在学校教育工作中不仅要构建完备的文化知识体系，还要将思想政治教育置于首位，以引导学生构建正确的思想品德、道德品质。

（四）胡锦涛关于思想政治教育的论述

胡锦涛在和平与发展这一时代主题下，从国家富强、社会和谐、人民幸福的角度出发，提出了一系列有关思想政治教育的重要论述，丰富和发展了新时期中国共产党的思想政治教育理论。

关于思想政治教育的内容。胡锦涛提出建设社会主义核心价值体系，有利于引导全社会在思想道德上共同进步。社会主义核心价值体系，既体现了思想道德建设上的先进性要求，又体现了思想道德建设上的广泛性要求。胡锦涛关于思想政治教育的论述内容包括以马克思主义为指导思想的思想政治教育、中国特色社会主义共同理想教育、爱国主义思想教育、思想道德教育等内容。同时，胡锦涛还提出了以人为本、科学发展的符合构建中国特色社会主义事业的思想政治教育主张。另外，胡锦涛还提出社会主义荣辱观，是对中华民族历久弥新的民族精神和传统美德的提炼和升华，丰富了中国共产党的思想政治教育理论。

关于思想政治教育的地位和作用。胡锦涛在2000年4月的全国培养选拔年轻干部工作座谈会上明确了思想政治教育首位原则，认为在青年干部选拔工作中必须坚持把德放于首位，坚决克服重才轻德的倾向。胡锦涛在党的十七大报告中提出的"坚持育人为本、德育为先"②肯定了思想政治教育在教育中的地位。

---

① 江泽民. 江泽民文选（第二卷）[M]. 北京：人民出版社，2006：33.

② 胡锦涛. 胡锦涛文选（第二卷）[M]. 北京：人民出版社，2016：642.

（五）习近平关于新时代大学生思想政治教育工作的新思想新论断

党的十八大以来，习近平结合中国共产党人关于思想政治教育的经验，针对如何解决思想政治教育所面临的问题进行了深入思考和科学总结，进一步丰富和发展了党的思想政治教育理论，为新时代思想政治工作的建设与创新提供了科学指南，进一步完善了我国思想政治教育体系。习近平提出，思想政治理论课要坚持"八个统一"，思想政治理论课教师要贯彻落实"六个要求"，思想政治教育方法要更具针对性，思想政治教育话语更具亲和力，牢牢掌握全媒体时代意识形态话语权。

第一，2016 年 12 月 7 日，在全国高校思想政治工作会议上，习近平提出的一系列新思想、新观点、新论断，是指导新形势下做好高校思想政治教育工作的纲领性文献，对大学生思想政治教育工作具有重要的现实指导意义。

一是"高校立身之本在于立德树人"[①]。高校要把立德树人作为根本任务，是党和国家对高等教育关于人才培养提出的总要求，突出强调了高校思想政治教育工作的重要性，为高校思想政治教育改革和发展指明了方向。首先，高校要回归和坚守育人之道。高校承担着人才培养、服务社会、科学研究、传承文明等许多历史使命，但人才培养是首要和核心任务，是其他一切任务得以完成的前提和基础。其次，高校要将思想政治教育工作贯穿教育教学全过程。坚持做到思想政治与教学、管理、后勤服务的有机结合和隐性渗透，达到全员育人、全方位育人和全过程育人。最后，是高校要将促进大学生思想品德发展和人格现代化作为人才培养的重要目标。高校要坚持思想政治教育为先、思想政治教育为重，以思想品德发展和人格现代化来引领和促进大学生的全面发展。

二是"因事而化、因时而进、因势而新"[②]。做好高校思想政治教育工作，要因事而化、因时而进、因势而新。这是在新时期、新形势下对高校思想政治教育工作的总要求。深刻理解和准确把握这个总要求对加强和改进高校思想政治工作具有重要的理论意义和实践价值。首先，要准确把握

① 习近平. 习近平谈治国理政（第二卷）[M]. 北京：外文出版社，2017：377.

② 习近平. 习近平谈治国理政（第二卷）[M]. 北京：外文出版社，2017：378.

大学生的思想脉搏，密切关注大学生的思想动态，遵循高校思想政治教育工作和大学生成长成才规律，及时准确、有针对性地为大学生释疑解惑，引导学生健康成长。其次，要准确把握时代发展主题，紧跟时代发展步伐，与我国社会主义的现代化发展相适应，应时而动，顺时而进。使高校思想政治教育工作的目标理念、内容任务和方法手段做到关注时代发展、紧扣时代脉搏、顺应时代潮流、反映时代要求。最后，要准确把握国际国内发展的新形势，主动顺应世界和中国的发展大势，沉着应对高校思想政治工作面临的新挑战和新机遇，积极推进高校思想政治教育工作的创新发展。

三是"传道者自己首先要明道、信道"①。教师是人类灵魂的工程师，承担着神圣使命。传道者自己首先要明道、信道。习近平总书记将高校思想政治教育工作者称为传道者，明道、信道是对高校思想政治教育工作队伍建设的总要求。明道是指教育者要正确认识事物发展的普遍规律和本质特性，对高校思想政治教育工作者而言，就是要正确认识我国高等教育事业，尤其是高校思想政治教育工作的任务、性质和重要作用，明确自身所肩负的重要历史使命。正人须先正己，教育者要坚持修身意识，端正思想品德认知，树立正确的世界观、人生观和价值观，为学生树立榜样，努力做到以德立身、以德立学、以德施教。打铁必须自身硬，教育者要树立学习意识，加强自身思想道德建设，提高道德认知水平，不断改进和提升思想政治教育工作的方式方法。信道是指教育者要坚定共产主义远大理想和中国特色社会主义共同理想信念。马克思主义揭示了人类社会发展的必然规律，树立了共产主义的远大理想。教育者只有成为坚定的马克思主义者，才能成为人类文明传播者，才能成为大学生成长成才的引导者。教育者要坚持中国特色社会主义道路自信、理论自信、制度自信、文化自信，在思想上、政治上、行动上与党中央保持高度一致，牢固树立和自觉践行政治意识、大局意识、核心意识和看齐意识，为实现中华民族伟大复兴的中国梦而奋斗。

2019年3月18日，习近平在学校思想政治理论课教师座谈会上强调："办好思政课，最根本的是要全面贯彻党的教育方针，解决好培养什么人、怎样培养人、为谁培养人这个根本问题。"②习近平总书记的重要讲话是中

① 习近平. 习近平谈治国理政（第二卷）[M]. 北京：外文出版社，2017：379.

② 习近平. 论党的宣传思想工作 [M]. 北京：中央文献出版社，2020：377-378.

国特色社会主义教育理论的又一重大创新成果，是指导做好新形势下高校思想政治工作的纲领性文献。做好大学生思想政治教育工作，最根本的就是要贯彻习近平新时代中国特色社会主义思想，落实立德树人的根本任务，努力培养担当民族复兴大任的时代新人，培养德智体美劳全面发展的社会主义建设者和接班人。

第二，强化马克思主义在意识形态中的指导地位，深入学习领悟好马克思主义思想，掌握辩证唯物主义和历史唯物主义是习近平关于思想政治教育重要论述的首要内容。思想政治教育要巩固马克思主义在意识形态领域指导地位，坚定理想信念。2019 年 10 月 31 日中国共产党第十九届中央委员会第四次全体会议通过的《中共中央关于坚持和完善中国特色社会主义制度、推进国家治理体系和治理能力现代化若干重大问题的决定》指出："坚持马克思主义在意识形态领域指导地位的根本制度。"[①] 这反映了以习近平同志为核心的党中央对新时代中国特色社会主义的认识提升到了一个新的境界。基于百年未有之大变局，只有坚持马克思主义在意识形态的指导地位，才能确保我党在思想上、政治上、行动上的团结统一、攻坚克难、开拓进取。

社会主义核心价值观是全社会意志和力量的凝聚形态，是决定思想政治教育内容和方向的最深层次要素，因此，社会主义核心价值观是思想政治教育的核心内容。思想政治教育要坚持以社会主义核心价值观为引领。习近平总书记在党的十九大报告中指出："社会主义核心价值观是当代中国精神的集中体现，凝结着全体人民共同的价值追求。"[②] 培育和弘扬社会主义核心价值观是凝魂聚气、强基固本的基础；若抛弃传统、丢掉根本就等于割断了我国的精神命脉。社会主义核心价值观反映了全体人民共同认同的"价值观最大公约数"[③]，是中华儿女勠力同心、团结奋进的不竭动力。

理想信念教育是思想政治教育的主要内容，是以马克思主义理想信念

① 中共中央党史和文献研究院. 十九大以来重要文献选编（中）[M]. 北京：中央文献出版社，2021：283.

② 习近平. 决胜全面建成小康社会 夺取新时代中国特色社会主义伟大胜利——在中国共产党第十九次全国代表大会上的报告 [N]. 人民日报，2017-10-28.

③ 习近平. 习近平谈治国理政 [M]. 北京：外文出版社，2014：168.

信仰为基本前提，以实现中华民族伟大复兴的中国梦为目标追求，以爱国主义为核心的民族精神为基本特征，以中华优秀传统文化为重要载体。习近平总书记将理想信念形象地比喻为精神上的"钙"：如果"没有理想信念，或理想信念不坚定，精神上就会'缺钙'，就会得'软骨病'"①。这一论述形象而生动地体现了坚定理想信念对人精神世界的重要作用。理想信念教育观包括了以下两方面的内涵：一方面，是政治信仰教育，即牢固树立"四个意识"，坚决做好"两个维护"，以马克思主义为方向，坚定理想信念；另一方面，是实现中华民族伟大复兴中国梦的理想信念教育，旨在实现将国家富强和人民幸福的中国梦作为最根本的目标，将为实现中华民族伟大复兴中国梦而不懈奋斗的理想信念固根铸魂于每一位中华儿女心中，并使之内化于心、外化于行。

党史国史教育是思想政治教育不可或缺的重要组成部分。习近平指出："历史是最好的教科书"②，学习优秀传统文化、弘扬革命精神是我们思想政治教育的养料和根基。思想政治教育要加强国史党史教育。习近平指出："学习党史、国史，是坚持和发展中国特色社会主义、把党和国家各项事业继续推向前进的必修课。"③强调以史为鉴，知史爱国。"学习党史、新中国史，就是要认真思考，我们这代中国共产党人该怎样把我们这一棒跑好，为下一代人跑出一个好成绩。"④学习国史、党史是思想政治教育的必修课，是思想政治教育的重要组成部分。

四、对西方学界相关理论的批判借鉴

（一）实用主义理论为思想政治教育创新发展提供了借鉴目标

美国著名的实用主义哲学家和教育家杜威（J. Dewey）在继承前人的理论和实践经验的基础上，形成了具有鲜明特征的实用主义德育理论，对我国学校思想政治教育创新发展具有重要的借鉴意义。

① 习近平. 习近平谈治国理政 [M]. 北京：外文出版社，2014：414.
② 习近平. 习近平谈治国理政 [M]. 北京：外文出版社，2014：405.
③ 习近平. 论中国共产党历史 [M]. 北京：中央文献出版社，2021：15.
④ 高长武. 国史党史诗必修课 [N]. 中国纪检监察报，2019-08-27.

德育是一门研究人的学问，而对人的研究就要指向人和人的本性。杜威认为，人的本性所包含的因素中确实存在某些难以改变的倾向，如人的本能，但本能在其中所发挥的作用并不足以使人性不可改变，即人的本能并不能涵盖人性的全部。大量事实证明，人的本性并不是一成不变的，随着时间的积累，在与外部环境的相互作用中，它总是不断地改变着。尽管不同的人存在个性差异，但总的来说可以得出结论——人的本性是可变的，从而使道德和教育成为可能。正如杜威所说："如果人性是不变的，那么就根本不要教育了，一切教育的努力都注定要失败了，因为教育的意义本身就在于改变人性以形成那些异于朴质的人性的思维、情感、欲望和信仰的新方式。"[①]在此意义上，道德的要求决定着教育的方向、基础和意义，德育与教育是统一的，教育的宗旨之一即是道德。

如何通过教育而实现道德的目标呢？在《教育中的道德原理》中，杜威区分了"道德观念"与"关于道德的观念"。他认为学校道德教育要培养受教育者具有"道德观念"，从而使其具有道德的"品格"和"动机"，从而直接导致人的行为；而不能只限于培养所谓"关于道德的观念"，因为所谓"关于道德的观念"是指有关道德的知识和信息，作为知识和信息对于其认知者只能对其行为发挥示范或制约的作用。道德上知行不一的情形就是因为这一点，即关于道德观念的学习并不一定都会上升为道德观念。因此，学校道德教育要以培养"道德观念"为目标，而不能仅限于"关于道德的观念"的认知教育。

关于如何进行德育，杜威提出了自己的观点，其中包含"教育即生活""学校即社会""从做中学""思维与教学"等核心内容：强调要将教育放在社会实践的大背景下进行，教育的目的要融入教育过程和活动当中；强调教育应当是生活本身的一个过程，通过引导学生参加活动，让学生在活动中学习；同时，重视师生互动关系的建立，主张教学过程中师生间要平等、互动、交流。

由此可以看出，杜威的德育思想是非常重视学校德育的方法与实际效果的，因此被冠以实用主义德育理念的代表。其强调德育目标实际效果的

---

① 约翰·杜威. 人的问题 [M]. 傅统先，邱春，译. 上海：上海人民出版社，1965：155.

观点不仅在理论上，更在于实践上，对于我国高校思想政治教育具有重要的借鉴意义。与此同时，我们也要禁忌"极端实利主义"和"即工即学主义"的极端错误倾向。①

（二）价值澄清理论为思想政治教育创新发展提供了价值养成方法借鉴

价值澄清理论于 20 世纪 20 年代间出现，最初它是作为一种教学方法被采用。经过几十年的发展，20 世纪 60 年代逐渐发展成为一个德育学派。主要代表人物有纽约大学教育学院教授路易斯·拉思斯、南伊利诺斯大学教育学教授里尔·哈明等人。路易斯·拉思斯（Louise Raths）等人注意到，在社会发生巨大变化，传统的单一文化体系被现代的多元的文化体系所取代，随之而来的是价值多元化，这使人们，特别是青少年，价值观混乱、无所适从。在这种背景下，价值澄清理论得以被提出来。在实际运行中，价值澄清理论强调四个关键要素②：以生活为中心，其更多关注的是解决学生的生活问题；对现实的认可，要求学生在接受自己的过程中帮助别人，与他人真诚相处；鼓励进一步思考，要求学生作出明智的选择；培养个人能力。通过上述的设计，该理论希望实现以下主要目标：降低学生不良行为的强度和频率；减少学生某些反叛和骚乱行为；提高学生自我指导能力，增强其自信心；使学生的价值观更趋成熟；通过改善学生的学习氛围、社会关系，来改善学生的学习结果；排遣学生的个人压力；提高其希望和信心；改善师生关系；等等。③与西方传统学校道德教育的理论和方法相比，价值澄清理论强调要尊重学生的主体地位，积极关注学生获得价值的过程，其研究更多的是指向学生的现实生活。该理论认为学生在生活过程中会逐渐获得不同的经验，即价值是学生经验的产物，进而形成不同的价值观。由此，该理论强调价值澄清过程。认为价值是通过三个阶段和七个步骤获得的。具体讲，三个阶段包括选择、珍视和行动，七个步骤为：自由地选择；从各种可能选择中进行选择；对每一种可能选择的后果进行审慎思考

① 金林祥. 蔡元培论杜威 [J]. 湖南师范大学教育科学学报，2009，8（01）：11-14.
② 路易斯·拉思斯. 价值与教学 [M]. 谭松贤，译. 杭州：浙江教育出版社，2003：1.
③ 何静，李化树. 价值澄清理论及其对我国德育的启示 [J]. 当代教育论坛（宏观教育研究），2007（06）：66-68.

后作出选择；珍视与珍爱，对选择感到满意；乐于向别人公开自己的选择；根据选择行动；重复这种行动并使之成为个人的生活方式。[①] 此外，该理论还设计了对话策略、书写策略、讨论策略及澄清反应法、价值单填写法等一整套的澄清策略和澄清方法。

价值澄清理论提出后，尤其是所设计的澄清策略和澄清方法，在美国的学校道德教育实践中大受欢迎，并得到了大力的推广和应用，在世界范围内引起了广泛的影响。然而，该理论也存在着严重的缺陷和不足。第一，价值澄清理论倡导相对主义价值观。价值澄清理论认为，在当代社会中，没有一套公认的道德原则或价值观，价值是个人的、随意的，可随个人的发展而发展，随个人经验的变化而变化。[②] 该理论强调个人的自由选择而反对传统教育方法的灌输手段显然是极其错误的，带有明显的个人主义和自由主义色彩。价值观教育不应该是无导向的，绝不能放任自流，教师也不能持中立态度，而应旗帜鲜明、立场坚定地讲授已经形成社会共识的核心价值观，给学生以正确的引导，保证学生在价值选择和判断上朝着正确的方向发展。同时，价值中立也必将使社会的凝聚力和有序性不复存在，导致责任的漠视和极端个人主义的泛滥，进而引发更多的价值模糊。[③] 20世纪90年代美国发起的新品格教育就是最好的例证。第二，价值澄清理论存在明显的形式主义和过程主义错误。该理论注重发展学生的道德意识、道德思维和道德选择等思想可以说是合理的和有积极意义的；但其更加关注的是过程而不是结果，强调"如何形成价值观"比"形成怎样的价值观"更为重要；认为价值澄清的主要任务不是认同和传授"正确的"价值观，而在于帮助学生澄清其自身的价值观。[④] 这种否定在学生价值观确立过程中对外部因素的影响作用，忽视德育内容的间接获得对学生价值观确立的导向作用是错误的。在价值观的确立及优秀品格的形成过程中，学生的自主体验、认知固然重要，但一定的思想灌输和知识讲授则是必要的前提。第三，

---

① 路易斯·拉思斯. 价值与教学 [M]. 谭松贤，译. 杭州：浙江教育出版社，2003：27.

② 路易斯·拉思斯. 价值与教学 [M]. 谭松贤，译. 杭州：浙江教育出版社，2003：24-25.

③ 易莉. 从价值中立到核心价值观——美国品格教育的回归 [J]. 教育学术月刊，2011（05）：48-50.

④ 冯增俊. 当代西方学校道德教育 [M]. 广州：广东教育出版社，1993：84.

价值澄清理论的道德是非标准缺失。该理论忽视学生道德行为的目的和动机，强调教师不必对学生的价值选择进行评判，也不必了解和掌握学生的选择理由。以至于教师对学生道德行为的目的和动机无从评价，不能准确掌握学生的道德发展水平。同时，学生对自己的道德行为也不能正确判断，更不能明辨是非，极易出现背离道德规范的动机和行为。

虽然对价值澄清理论的批评和质疑很多，但其也有着合理性和现实价值。首先，该理论具有较强的实用性和可操作性。价值澄清理论提出的价值教学策略和方法简单实用，很容易为广大教师掌握并运用到价值教学实践中去。例如，对话、讨论、书写等策略，以及澄清问答法、书面评价法、班组讲座法等价值教学方法。每一种策略和方法又设计了具体的步骤和措施，这些步骤和措施具有很强的操作性，为学校价值教育提供具体的、翔实的指导。[①]其次，该理论注重生活化和实践性。价值澄清法在实施的过程中，强调以生活为基础和中心，解决生活中存在的实际问题。由教师组织学生针对现实社会中的一些问题进行讨论，促进了德育教育过程中情感因素的作用发挥，教育者的角色发生转换，拉近了师生距离，能够激发学生的兴趣，容易解决价值冲突中的道德问题。最后，突出学生的主体地位，促进了学生主观能动性的发挥。价值澄清理论在实施德育的过程中，倡导受教育者自身通过选择、赞扬和实践过程养成价值评价的能力与习惯，并在这一过程中实现价值观的养成，从而达到其对所选择的目标价值的认同，并付诸行动，实现德育目标，为高校德育现代化的价值养成方法提供了借鉴与参考。

（三）交往行为理论为思想政治教育的创新发展提供了实现机制借鉴

哈贝马斯（J. Habemas）的交往行为理论认为，现代性的真正希望在于实现从目的合理性向交往合理性的过渡。他提出，应该明确划分人与人之间的交往实践关系和人对物的生产实践关系，即交往行为仅限于人与人之间的实践关系，从而赋予交往以本体论的意义。哈贝马斯所倡导的这种交往行为是符合马克思关于人的本质的意涵的，即交往行为本身就是人的社会性的表现，属于人的类本质的范畴。与以上这种划分相适应，哈贝马斯认为社会实践活动有两种类型：工具性行为

---

① 檀传宝. 德育理论 [M]. 北京：北京师范大学出版社，2016：37-45.

和交往性行为。工具性行为是一种带有强烈的功利主义色彩并体现技术理性特征的社会实践活动，是人对自然的认识、改造关系，归于"主体—客体"向度。这种行为把手段、技术直接与目的、目标相关联，而对于目的、目标本身是否具有合理性与公正性则不作考虑。交往性行为归于社会实践活动的主体际向度。而交往理性就是要在主体间即人与人之间构建交往的合理性——自由的交往关系和对话制度化，实现人际关系的和谐、团结、友好，摆脱种种社会压抑和控制，从而使人们的生活世界和社会走向合理化。

交往行为理论重视语言在交往中的作用。"通过谈话方式，把思想从运用要求转变为交往行为理论，具有中心地位的意义。"[①]交往是以理解为目的的相互作用，语言交往是最基本的交往，通过语言的交流与沟通达到理解的目的。交往行为理论强调，交往理性的核心是交往主体之间的相互关系。相互主体性强调的是主体间的相互关系，是指交往主体间是双向的行为和活动，而非单向、独断的交流。同时，在选择是否开启交往活动前，要以主体间的自愿为原则，而非压迫和强制。因此，交往行为主体间的关系应保证是一种民主、平等的关系，而非自上而下的等级关系，体现的是交往主体之间的相互尊重。此外，哈贝马斯强调，交往行为应该以生活世界为基础，这是交往行为的背景和构成性的相互理解的基础。其言外之意在于，以生活世界为基础，就应尽量避免受到其他系统的侵扰。但是，在现实中要做到这一点是非常困难的，这也为交往行为理论蒙上了一层理想主义的色彩。同时，哈贝马斯的交往行为理论也存在着明显的缺陷和不足。利奥塔（J. F. Lyotard）曾指出，哈贝马斯通过他所谓的商谈，即论点的对话，符合理性问题的讨论引向普遍的共识，这似乎是不可能的，也是不谨慎的。[②]福柯（M. Foucault）称哈贝马斯交往行为理论是"交往的乌托邦"；布尔迪厄（P. Bourdieu）称之为"乌托邦现实主义"。[③]也有学者指出，哈贝马斯试图凭借思想的力量，通过"语言批判"消除社会的控制和支配，并以纯粹理想的境界作为超越资本主义的目标，以普度芸芸众生，最终不可避免

① 哈贝马斯. 交往行动理论（第一卷）[M]. 洪佩郁，等，译. 重庆：重庆出版社，1994：140.
② 让-弗朗索瓦·利奥塔. 后现代状况：关于知识的报告[M]. 岛子，译. 长沙：湖南美术出版社，1996：65.
③ 王凤才. 哈贝马斯交往行为理论述评[J]. 理论学刊，2003（05）：38–41.

地陷入文化精英主义。[①]

虽然哈贝马斯的交往行为理论存在着这样或那样的缺陷和不足，但其中的一些思想观点和所蕴含的德育理论对促进高校德育现代化发展仍然具有理论借鉴意义与现实指导意义。

首先，学校德育也是根植于生活的，因为学校德育的最终目的是要提升学生的道德素养，实现学生的自身价值。一般而言，就近取材的原则在学校德育过程拥有较多实践，即通过日常生活的点点滴滴，以潜移默化的浸染和个体觉悟等复杂的情感体验和意志的磨炼，来提高学生的道德认知。哈贝斯所认为的生活世界是人们对话交流和商谈交往的背景和场域，而交往又在不断地创造和丰富着生活世界。学生也会在生活世界中养成这样的习惯，即通过普遍交往、彼此理解最终达成共识，从而积累新的生活经验，使"交往理性"成为生活中的一部分，成为他们的思维习惯。这不仅将推动生活世界的变革与发展，学生的道德素养也在这样的生活世界中得以提升。因此，以交往理性为核心的生活世界的构建，即实现生活世界的改造在学校德育创新发展实践过程中具有积极的现实意义。

其次，话语是交往主体的交往工具，交往主体间的彼此信任是实现理性交往的基本机制，在德育过程中话语仍然是达成理解的最根本的传导媒介，德育主体之间的信任是德育时效性的关键环节。通过平等、自由的话语交流达成交往主体间的理解，最终形成主体间的认同，是交往行为理论的主旨。理解容易达到，而认同是以交往主体间彼此信任、共同认知和相互理解为前提的，是不容易实现的。彼此理解是交往行为得以进行和持续的关键，而交往主体间彼此信任的、持续的交往行为的积累，才可以达到共识。因此，学校德育创新发展要实现教育主体间的价值共识，必须先构建彼此信任的基础，并在教育、交往的过程中实现最基本的理解，并使这种德育的交往得以保持和持续，才容易达成最终的主体间的价值共识，即德育活动成功。这无疑为学校德育创新发展提供了实现借鉴的机制。

最后，哈贝马斯的交往行为理论为高校德育提供了有效的方法，即交往理性倡导的公正、平等理念，为德育提供理念支持。哈贝马斯认为，相

---

① 傅永军，王元军，孙增霖. 批判的意义：马尔库塞、哈贝马斯文化与意识形态批判理论研究 [M]. 济南：山东大学出版社，1997：228.

比于判断事实的真与假，道德上作出对与错的判断往往会更复杂，需要有更多理由、根据进行论证。对话则提供了这样一个平台，使交流的各方可以通力合作寻求真理，在摆脱了强制等不利因素的影响下，人们通过对话提供各个方面的信息，实现对道德的辨别与论证。在德育过程中，交往理性强调主体间的平等地位，主要表现在对话语权的把握方面，是对话得以进行的有效性规范。教育主体要尊重教育对象的话语权，从而为实现平等、畅通的对话奠定基础，应尽量杜绝在德育过程中阐述话语"霸权"的现象。在哈贝马斯看来，普遍有效的道德原则之所以有效正是因为它考虑到所有相关人的利益，每一个对话的参与者都能够平等地表达自己的情感，不受来自内在和外界的强制，唯一需要遵守的就是交往理性。所以，在形成彼此理解的交往过程，对话既是交往的根本途径，也体现了交往的公正、平等，这种公正、平等的精神正是道德的精神所在。

第三节　全媒体时代高校铸魂育人的重要意义

一、有利于强化和深化高校意识形态工作

第一，高校铸魂育人有利于强化高校意识形态工作。习近平强调："意识形态工作是党的一项极端重要的工作。"[1] 高校是党的意识形态工作的主阵地，承担着学习马克思主义、弘扬社会主义核心价值观和实现中国梦的责任。强化高校意识形态工作，是一项战略工程、固本工程、铸魂工程。因此，坚持将立德树人作为中心环节，思想政治教育全过程融入铸魂育人理论，加强思想引领，强化高校意识形态工作建设。

第二，高校铸魂育人有利于深化高校意识形态工作。党的十八大以来，我国高校意识形态工作总体呈现上升趋势并取得重大进展，但同时也要注意到其中还存在薄弱环节。在思想政治教育的课程教学和日常实践教学中融入习近平新时代中国特色社会主义思想，有利于引导学生深刻领悟其内

---

① 习近平. 习近平谈治国理政 [M]. 北京：外文出版社，2014：153.

涵，增强"四个自信"，在发展中国特色社会主义事业和实现中国梦中自觉融入爱国主义情怀。

二、有助于从根本上提升高校思想政治理论课的育人效果

思政课是落实立德树人根本任务的关键课程。这就要求学校既要开好思政课，充分发挥主渠道的重要作用，又要强化各类学科课程的育人作用，构建课程思政与思政课程形成铸魂育人合力的育人格局。高校思政课铸魂育人应以习近平新时代中国特色社会主义思想作为教育的主要内容并贯穿于教学工作全过程，积极引导学生树立正确价值观念和科学信仰。习近平新时代中国特色社会主义思想运用马克思主义理论与中国社会的现实情况结合，分析和判断当下所面临的时代问题，提出了一系列新思想、新观点、新论断、新方略，其核心内容为"八个明确"和"十四个坚持"，以此作为思政课铸魂育人的主要内容，不仅能引导学生坚定信心，还有助于从根本上提升高校思政课的育人效果。

三、有利于高校思想政治理论课教学内容的完善和丰富

铸魂育人是对思想政治教育内容的扩充。习近平新时代中国特色社会主义思想是铸魂育人的主要内容，是实现马克思主义中国化的历史性飞跃。用习近平新时代中国特色社会主义思想铸魂育人，不仅能够完善和丰富教学内容，增强教学内容的时代感，为课堂教学注入生机与活力，还有利于深化学生对理论内涵的把握，加强知识储备量，在一定程度上提高思政课的实效性。

铸魂育人是思想政治教育的核心内容，并引领思想政治教育活动的方方面面。马克思主义信仰、社会主义核心价值观、中国精神是当下铸魂育人的核心内容。思想政治教育的核心内容应围绕铸魂育人，以贯彻落实马克思主义信仰、培育与践行社会主义核心价值观、振奋中国精神为核心的内容开展。当前思政课应以铸魂育人为使命，切实推进思政课有效进行铸魂育人，真正实现铸魂育人思想无时不在，无处不在。根据铸魂育人的要求，思想政治教育要把意识形态教育、社会主义核心价值观教育、优秀传统文

化教育贯穿每一个时间节点,把思想政治教育的内容融入学生日常生活中,无缝隙地渗透到各个环节的教育和管理工作中,引领思想政治教育活动的方方面面,使学生在校期间每时每刻都受到教育。

四、有利于促进大学生正确的信念信仰的形成

高校铸魂育人有助于抵御西化思潮,促进大学生正确信念信仰的形成。通过铸魂育人,使学生即使面对复杂的社会环境亦能做到明辨是非、提高对社会思潮的鉴别能力,坚定马克思主义信仰,力促学生自觉践行社会主义核心价值观,塑造其成为具有民族意识和使命意识的时代新人。

第三章 全媒体时代高校铸魂育人的时代境遇

随着互联网、大数据、云计算等科技手段的不断发展，以媒体形态深度融合及用户体验更加丰富为特点的全媒体得以迅速发展，并不断融入渗透到大学生日常生活的方方面面，影响着他们的思想与行为。这既给高校铸魂育人提供了丰富的教育资源与教学手段，拓宽了教学平台与渠道，带来了良好的机遇，又给高校铸魂育人的教育效果、教育环境、教学模式等带来了全新的挑战。面对高校铸魂育人发生的新变化，思想政治教育工作者应深入挖掘全媒体，了解它的特点与规律，不断探寻它与高校铸魂育人的契合点，增强铸魂育人的针对性，努力实现高校铸魂育人的创新发展。本章在梳理回顾互联网视域下高校思想政治教育实践创新的历史并总结经验启示的基础上，全面分析全媒体时代高校铸魂育人面临的机遇、冲突与困境，为全媒体时代高校铸魂育人的创新发展、构建现代化的铸魂育人体系奠定理论基础。

第一节 互联网视域下高校铸魂育人的历程与经验启示

党和国家一直将实践育人作为加强和改进学生思想政治教育工作的重要内容。实践育人是高校铸魂育人的重要途径，是大学生思想道德素质和教育实效性提升的关键所在。中华人民共和国成立后，教育事业不断壮大，高校思想政治教育工作也随之在实践中不断发展，特别是20世纪90年代，随着互联网进入我国，高校积极应对互联网带来的机遇和挑战，不断推进思想政治教育的实践创新发展，积累了大量的宝贵经验。深入研究互联网视域下高校思想政治教育的创新发展历程，对于准确把握当前高校铸魂育人实践的现状及其成因，进一步明晰高校铸魂育人实践的重要意义，把握高校铸魂育人实践的规律，不断推进创新发展，保证实效性有着重要意义。

一、互联网视域下高校铸魂育人实践创新的历程

我国在 1994 年正式接入 Internet 并成为国际互联网大家庭中的一员。从那时起互联网便开始深刻地影响和推动着我国社会、经济、文化等各个领域的发展与变革。互联网进入中国的二十多年来，凭借着一系列高科技技术的飞跃发展，深刻改变了青少年学生的学习、生活方式和文化、价值观念，从而给学校思想政治教育工作带来了一轮又一轮的机遇和挑战。面对互联网日新月异的变化，学校思想政治教育工作一直积极地调整和应对，深入研究工作理论和方法，努力探索实践的路径。

从互联网进入我国开始，在其发展的不同时期，高校铸魂育人实践活动也展现了相对应的格局和面貌。根据国家对高校思想政治教育工作的指导方针和政策，按照互联网在我国高校发展和应用的具体状况，以及高校铸魂育人应对互联网发展变化而不断创新的具体情况，笔者认为互联网视域下我国高校铸魂育人的创新历程可以划分为四个阶段。

（一）敏锐认识与适应阶段（1994—1999 年）

这一阶段，互联网初入我国，受到互联网终端发展迟缓和经济因素的制约，起步阶段发展缓慢，对高校的影响有限，但已得到了广泛关注和重视，部分高校开始尝试利用互联网开展铸魂育人实践。在互联网发展的早期，链接技术、数据分析技术、媒体传播环境等都还处于起步阶段。与此同时，由于计算机技术水平较低、个人互联网终端普及范围很小、互联网连接成本较高、网络数据传输速度太慢等因素的制约，互联网真正的优势还没能够快速地体现出来，也没被人们觉察。随着互联网的快速发展，它不仅在高校中产生了较大的反响，也让社会大众对其充满了好奇、期待、憧憬。于是，在一批海归学子的带动下，抱着对中国互联网巨大发展潜力的自信和互联网技术改变未来社会的梦想，整个互联网行业的发展进入了膨胀期。互联网技术快速发展的同时，各种门户网站也爆发式地出现了。其中，如搜狐、

新浪、网易等门户网站在互联网发展的历程中一直扮演着重要的角色。尽管在互联网进入中国的初期，其并没有对高校铸魂育人实践产生较大的改变，然而高校作为知识水平较高、求知欲望较强、教育资源最优的一块阵地，师生对科技潮流的反应迅速，也让高校充分觉察到互联网即将带来的影响。

在互联网进入高校校园的初期，大多数高校连基本的网络硬件设备都才刚刚起步，互联网教育的软件环境更是无从谈起。因此，在这一时期，互联网对高校铸魂育人实践的传统模式没有产生较大影响。然而在这一阶段，从少数能够接触到互联网的学生的表现看，学生对互联网产生了浓厚的好奇、兴趣和喜爱。同时，学生对互联网的适应能力之强、速度之快，更提醒了高校思想政治教育工作者积极应对互联网未来的发展对高校铸魂育人实践带来的挑战。

首先，学生对互联网的自发认识和适应能力超出想象。1994年，当互联网刚刚进入中国，人们还在好奇、学习、研究互联网的时候，清华学子就用实际行动告诉了人们互联网的发展对生活的重要。当年，清华大学朱令同学在校期间离奇发病并且急剧恶化，所有的病情都难以得到解释和医治，正当医院一筹莫展之时，朱令的几个同学利用当时还不发达的互联网，向全世界发出了紧急求援的电子邮件，并且通过互联网交流，最终获得了疑似铊中毒的诊断结果，后经相关专家确认证实。之后，1995年8月，水木清华BBS网站开通，这是我国第一个国际互联网上的BBS站点。[1]1998年底，清华大学汽车工程系汽71班党课学习小组的同学们利用连接到学生宿舍的互联网，在一台联网微机上推出了班级的共产主义理论学习主页，起名为"红色网站"。[2]同时，在那些年里，很多高校的学生都自发地以寝室、楼栋、学院为单位建立起自己的局域网，这些局域网已经开始实现着互联网的基本功能。由此可见，互联网的出现不仅让高校学生产生了浓厚的兴趣，学生们学习和利用互联网的能力也超出了想象。

其次，高校敏锐地认识到互联网将会对铸魂育人工作带来的影响。自发的"网络求援""红色网站"的建立、局域网的搭建等这些学生的互联

---

[1]　我国高校网络思想教育的十年发展历程——访清华大学高校德育研究中心主任张再兴教授[J]. 思想理论教育导刊，2005（12）：4-8.

[2]　杨振斌，黄开胜. "红色网站"的发展和启示[J]. 高校理论战线，2000（10）：35-37.

网行为，从开始就给高校思想政治教育工作提供了重要的启示，国家也意识到以互联网为代表的科学技术的迅速发展，将会对学生的德育工作带来的冲击。1994 年前后，国家连续发布了近 10 个政策文件，将互联网德育工作作为一项长期的、艰巨的任务来实施。其中，1994 年 8 月 31 日，中共中央印发的《关于进一步加强和改进学校德育工作的若干意见》指出："在科学技术迅速发展，社会主义市场经济体制逐步建立的情况下，如何指导学生在观念、知识、能力、心理素质方面尽快适应新的要求。这些都是学校德育工作需要研究和解决的新课题。"① 可见，国家在大力发展互联网技术的同时也重视由此给高校带来的影响，互联网视域下高校铸魂育人实践的创新发展初见端倪。

最后，高校铸魂育人积极适应互联网带来的变化，循序渐进地开展思想政治教育工作。20 世纪 90 年代中后期，我国网络硬件技术的匮乏和软件技术的滞后，使互联网的使用和普及受到限制，高校利用互联网开展铸魂育人实践的需要也未显强烈。实际上，当时互联网尚未对高校铸魂育人实践产生较大的影响和根本的改变，只是让高校感受到了变化的趋势，并由此带来对未来工作的担忧。在这一时期，高校的策略就是积极适应互联网带来的变化，利用现有的万维网技术（WWW）、文件传输协议（FTP）等网络技术，采取资源建设的方式占领网络阵地，用正面的信息教育和引导学生，以"内容"取胜。高校内广泛建设的各种 FTP 服务器、各类主题教育网站等，便是这一时期利用互联网开展铸魂育人实践工作的具体方式。

（二）主动推进与探索阶段（2000—2003 年）

这一阶段，社会经济的发展和计算机技术的进步打破了互联网普及的瓶颈，互联网普及率爆发式增长，校园 BBS 网站风靡，高校主动搭建互联网工作平台，并开始探索互联网背景下高校铸魂育人实践的发展规律和工作方法。

进入 21 世纪，随着互联网经济的崛起并开始成为世界经济的重要组成部分，互联网信息技术作为重要的科学技术支撑，社会对其发展和应用提

---

① 中共中央文献研究室. 社会主义精神文明建设文献选编 [M]. 北京：中央文献出版社，1996：531.

出了更高的要求。此时，互联网进入我国已经有几年的发展积淀，也积累有一定的"群众基础"。随着互联网信息技术的不断更新和发展，网络传播的速度、网络交互的功能都得到了较大的发展。此外，随着我国社会经济发展水平的提升，互联网硬件建设大步向前，台式电脑、个人计算机普及程度提高，网民的数量快速增长，为互联网的广泛使用提供了坚实的基础。

进入21世纪，高校学生宿舍电话、台式电脑已经普及，随着移动通信技术的发展，手机也逐渐走入学生群体，这些进步和技术都拉近了学生之间的距离，增进了学生之间的交流。而这一阶段互联网技术的发展才真正使高校学生的学习、生活状态开始发生改变，腾讯QQ的出现让互联网实时通信变为可能，学生能够在线发送信息、文件、图片，QQ空间动态让学生能够在线抒发自己的情感、交互彼此的心情，而校园BBS更是让学生能够轻松找到志同道合的朋友，在网络虚拟空间自由阐述观点、表达意见等。从这时起，互联网更加便捷和人性化的发展，让学生对互联网开始产生好感和依赖，生活重心自然慢慢向互联网开始转移。国家及时地洞察到互联网快速发展给学生群体带来的影响和变化，通过制定相关的政策加强互联网视域下高校的铸魂育人工作，有针对性地推进实践工作，并积极探索相关理论和方法，为主动开展铸魂育人实践提供有力的理论支撑和方法指导。

首先，学生群体效应日渐突出。随着腾讯QQ实时通信技术和校园BBS技术在高校校园的出现，原有的文件传输协议（FTP）等网络技术被学生迅速抛弃，因为在QQ和BBS等新的技术平台上不仅能够获取FTP等所有的功能，而且最主要的是新技术平台的虚拟性、交互性给学生的网络生活带来了颠覆性的改变。此时，学生在网上已不仅仅是一个被动的、单向的信息接收者，更是一个自由表达观点的信息发布者，凭借互联网虚拟的用户身份，可以毫无保留地畅所欲言。留言功能还能够让学生找到观点相同、志趣相投的朋友，并可通过个人邮箱进行私下交流，学生网络行为自主性得到很大的提升。正是由于对互联网新兴社交环境的喜爱，学生迅速对这种交互方式产生依赖，校园BBS也成为学生思想碰撞、情绪宣泄、观点表达的集散地。

其次，高校根据学生群体特点有针对性地推进铸魂育人实践工作。在这样的形势下，高校思想政治教育工作在贯彻和落实中央精神的进程中，通过理论教育途径与方式及应用方面的创新，开创了许多诸如网络思想政治教育、校园文化建设、学生生活园区思想政治工作等新形式。[①] 2000 年，教育部印发的《关于加强高等学校思想政治教育进网络工作的若干意见》就明确指出："网络技术的发展和普及，拓展了高校思想政治工作的新渠道和新手段，同时网络技术的发展和普及也带来了一些新的问题。一些人在网上发表的不负责任的信息和议论易产生某些思想混乱，可能影响高校和社会的政治稳定。用正确、积极、健康的思想文化占领网络阵地，同时防止一些人利用网络传播错误的思想和信息，已成为高校思想政治工作非常重要而又紧迫的课题。"[②]

各高校反应迅速，根据当时互联网发展的具体情况和学生的变化情况，充分运用互联网的手段不断拓展铸魂育人实践工作。一方面，有针对性地建立了主题教育网站，并通过宣传让网站在师生中具有一定的吸引力和影响力。2000 年前后，在许多高校的校园网上，一批承担网络思想政治教育工作的"红色网站"先后建立起来。例如，北京大学的"红旗在线"、北京师范大学的"学生党建之窗"、南开大学的"觉悟网站"、南京大学的"网上青年共产主义学校"、华中科技大学的"党校在线"等[③]，这些红色网站成了高校铸魂育人实践的重要载体。另一方面，加强了对校园 BBS 网站的建设和管理。以清华大学的"水木清华"，南京大学的"小百合"、上海交通大学的"饮水思源"、复旦大学的"日月光华"、武汉大学的"珞珈山水"、华中师范大学的"博雅论坛"等为代表的一大批高校校园 BBS 纷纷创立，各高校的校园 BBS 人数都呈现爆发式的增长。同时，高校有针对性地加强对校园 BBS 的管理，通过选拔高素质的校园 BBS 站长、培养具有先进思想的网络"意见领袖"、教育和引导错误思想和言论发布者等方式，保证高校学生在校园 BBS 上能够接触到正确、积极、健康的思想文化，切实提高高校铸魂育人实践工作的效果。

① 邱柏生. 改革开放以来高校思想政治教育创新的特征 [J]. 思想理论教育导刊，2008（10）：19-23.

② 荆惠民. 改革开放以来思想政治工作大事记 [M]. 北京：中国人民大学出版社，2007：85.

③ 张瑜. 试析高校网络思想政治教育工作模式的演变 [J]. 思想政治教育研究，2007（12）：64-66.

（三）全面运用与研究阶段（2004—2010 年）

这一阶段，互联网全面普及，对高校师生学习生活的影响向纵深发展。互联网虚拟性、交互性、人性化的优势备受追捧。学生群体的沉迷网络问题日趋严重，高校全面运用互联网媒介开展思想政治教育工作，并开始深入研究互联网背景下高校铸魂育人体系的构建。

2004 年起，互联网在中国社会已经建立了较为深厚而广泛的用户基础，互联网技术的持续飞速发展，为人们更加便利地使用互联网创造了无限的条件。特别是在高校校园里，学生宿舍网络接入的覆盖达到 100%，学生个人电脑拥有率超过 95%，学生互联网生活的习惯初步养成，甚至产生依赖。可以说，学生上网习惯的养成也催生了互联网行业的井喷式发展，以学生群体为基础的电子商务、网络游戏、信息资讯、交友平台、音视频网站等在这一时期开始表现出强劲的发展势头。在互联网和用户互动的推动下，人们发现互联网开始真正地改变着社会生活的方方面面。高校学生的学习、生活状态也开始发生翻天覆地的变化。但是，互联网对学生的成长和发展也有负面影响，高校也不得不面对互联网对德育内容、手段、载体、阵地等全过程所带来的挑战，开始全面推进思想政治教育进网络，重点研究互联网环境下学生的行为特点、信息传播的特点及网络育人的对策。

2004 年 10 月 15 日，中共中央、国务院印发《关于进一步加强和改进大学生思想政治教育的意见》（下称"16 号文件"），要求高校努力拓展新形势下大学生思想政治教育的有效途径，主动占领网络思想政治教育新阵地：要全面加强校园网的建设，使网络成为弘扬主旋律、开展思想政治教育的重要手段；要利用校园网为大学生学习、生活提供服务，对大学生进行教育和引导，不断拓展大学生思想政治教育的渠道和空间；要建设好融思想性、知识性、趣味性、服务性于一体的主题教育网站和网页，积极开展生动活泼的网络思想政治教育活动，形成线上线下思想政治教育的合力；要密切关注网上动态，了解大学生思想状况，加强同大学生的沟通与交流，及时回答和解决大学生提出的问题；要运用技术、行政和法律手段，加强校园网的管理，严防各种有害信息在网上传播；要加强网络思想政治教育队伍建设，形成网络思想政治教育工作体系，牢牢把握网络思想政治教育主动权。"16 号文件"成为指导接下来一段时期高校思想政治教育工作的纲领性文件，高校开始全面策划、实施和研究互联网背景下铸魂育人工作。

首先，加强互联网德育阵地建设。在这一时期，高校已经充分意识到互联网的发展对高校内外部环境及师生的影响，注意到互联网对于学生德育发展的重要作用。面对互联网多元化的信息干扰，网站建设被认为是网络德育工作中最主要的阵地。高校校园网的建设和使用更加成熟，使网站的校园综合服务功能也得到了充分的发展，从此高校开始全面规划和主动建设面向师生有一定的影响力和号召力的主题网站，包括学校的主页、理论学习网站、新闻宣传网站、学生工作网站、学生群体的网站等在内的各类主题教育网站得到快速发展。网站建设不仅注重理论学习和教育宣传功能的实现，还拓展了信息发布、综合服务等功能，进而加强了主流网络媒体的关注度和吸引力，权威、真实、及时、有效的信息发布和服务满足了互联网环境下学生的成长需求，增强了学生对主流网站的认同感和归属感。正确的价值观念和健康向上的思想文化成为网络信息资源构建的主要组成部分，高校逐步打开了用主流的教育资源信息占领网络阵地的局面。

其次，拓展高校德育实践途径。互联网迅速进入学生学习、生活的每一个角落，不仅改变了学生的生活和行为方式，也让高校思想政治教育工作遇到了机遇和挑战。对于互联网生活比重越来越大的学生群体，高校坚持在多元化网络环境中争取主导地位的目标和原则，积极利用互联网的优势，将现实中的实践活动转移和延伸到互联网，不断拓展高校铸魂教育人的途径。这一时期，高校的校园办公、教务教学、课程管理、就业指导、心理咨询等工作纷纷实现了网络化办公，而且师生都使用个性化的用户身份从信息门户登录互联网，完成自己的校园学习、工作和生活。高校利用信息门户的使用情况可以清晰地掌握学生的互联网学习和生活轨迹，对学生网瘾和网络的不良习惯进行及时的干预和教育引导。随着高校信息化教学的推进，思政课也开始尝试开发网络教学资源，通过网络在线学习增加覆盖率和有效性。高校网络思想政治教育的概念被频繁地提及，高校不仅要求思想政治教育工作者全员建立博客、主页等个人网络德育平台，而且号召德育实践活动积极地深入学生网络社区、论坛，多途径推进互联网德育实践工作。

最后，重点研究互联网铸魂育人体系的构建。从 2004 年开始，随着互联网不断向高校生活的纵深发展，师生的学习、生活越来越离不开互联网，此时高校已经发现互联网对于学生学习、生活行为的改变是不可阻挡的，加强对互联网环境下高校铸魂育人的研究刻不容缓。这一时期相关的理论著作、学位论文、科研项目等研究成果层出不穷，主要集中在：高校构建互联网德育实践体系的路径研究；互联网环境下高校学生行为方式发生的主要变化，以及原因和对策分析；把握互联网环境下高校德育实践的基本规律；分析高校教育、管理等德育实践载体融入学生互联网生活的路径；如何提高网络德育实践活动的实效性等。

（四）思维驱动与创新阶段（2011 年至今）

这一阶段，移动互联网信息技术飞速发展，智慧校园时代正式开启，"互联网＋"计划上升至国家战略高度，互联网生活成为人们生活中不可或缺的部分，"互联网＋"思维驱动高校铸魂育人实践的创新发展。

2011 年 1 月 1 日，无线电话产品"小灵通"正式退市为通信新宠 3G 让路，这也标志着以智能手机为代表和主要终端的移动互联网时代正式到来。移动互联网将移动通信和互联网二者结合起来成为一体，是互联网的技术、平台、商业模式和应用与移动通信技术结合并实践的活动的总称。自 2011 年起，智能手机在我国的爆发式增长为移动互联网的发展注入巨大的能量，我国移动互联网产业开启了前所未有的飞跃。2021 年 1 月，中国互联网络信息中心（CNNIC）在国家网信办新闻发布厅发布了第 47 次《中国互联网络发展状况统计报告》，据统计截止到 2020 年 12 月，我国手机网民规模达 9.86 亿，网民中使用手机上网的人群占比提升至 99.7%，手机上网主导地位强化，网民上网设备进一步向移动端集中。① 随着移动通信网络环境的不断完善及智能手机的进一步普及，移动互联网应用向用户各类生活需求深入渗透，高校学生的互联网生活变得无处不在、无时不在，学生的互联网生活以一种全新的面貌出现，是高校铸魂育人实践面临着新的机遇和挑战。

---

① 第 47 次《中国互联网络发展状况统计报告》（全文）_中共中央网络安全和信息化委员会办公室 [EB/OL].（2021-02-03）[2022-10-15]. http://www.cac.gov.cn/2021-02/03/c_1613923423079314.htm.

2011年起，智能手机在高校学生群体中快速普及，这并不是一个偶然现象。智能手机简单地说就是能够打电话的平板电脑，它可以通过移动通信网络来实现无线网络连接，并且具有自身独立的开放性操作系统和运行空间，可以进行个人信息管理、日程记事、任务安排、多媒体应用、浏览网页，还可以由手机用户根据自身喜好和需求安装软件、游戏、导航等第三方服务商提供的各种应用程序，使智能手机的功能可以得到无限扩展。这种人性化的应用技术和强大的服务功能当然会受到高校学生的青睐。随着互联网技术的不断发展和人们对网络应用的不断探索，智能手机作为移动互联网终端能实现的功能越来越多，学生报到注册可以通过手机上网完成。选宿舍、选课、课程学习、查询成绩、申报奖助学金、评优评先、学年小结等越来越多的校园教育和管理环节都能通过手机客户端实现。

随着2015年3月，李克强总理在第十二届全国人大三次会议上作《政府工作报告》时，首次提出"互联网＋"行动计划，我国正式进入万物互联的"互联网＋"时代。"互联网＋"是一个综合概念，是未来中国经济和社会发展的重要引擎。在这一行动计划的指引下，我国各行各业都开始了跨界融合、驱动创新，各行各业都利用互联网的优势对自身的业态进行再造，互联网能够实现的功能和内容越来越丰富。与此同时，高校学生除了校园内的学习行为，同样可以利用智能手机进行网上购物、移动支付、电子阅读、信息检索、生活服务、社交活动等生活行为。至此，高校学生的学习、生活、社交、娱乐等全部活动都可以通过智能手机来实现，学生的智慧校园生活正式开启，对互联网的依赖也达到了前所未有的程度。

在这个以跨界融合、驱动创新、尊重人性、连接一切为特征的全新时代，社会各行各业、行业内的各个层面都用"互联网＋"的思维改变着以往的面貌，学生的生存状态也发生了巨大的变化，给高校带来了前所未有的机遇和挑战。高校铸魂育人不仅要彻底改变传统的思维方式，还要充分地利用好时代的优势不断进行创新。可以说，随着"互联网＋"时代的到来，思维的转变和技术的进步永远不会停止步伐，反而会以更快的更新速度向前推进。所以，高校铸魂育人必须紧跟时代的步伐，准确把握学生学习、生活等各个方面的新特征和新变化,遵循高等教育的基本规律，不断利用"互联网＋"思维理念和科学技术的优势，切实推进自身的发展与创新，才能获得满意的效果。

二、互联网视域下高校铸魂育人创新发展的经验与启示

通过前面的论述可以看到，伴随着互联网日新月异的快速发展，高校铸魂育人受到了前所未有的冲击。高校思想政治教育工作者积极适应环境所发生的变化，不断探索和运用互联网的技术，推进铸魂育人的创新发展。可以说，互联网在我国的发展历程，让我们逐步清醒地认识到互联网的发展必将对高校铸魂育人带来挑战，这是一个不可阻挡的趋势。互联网视域下高校铸魂育人的发展史，更是给了我们宝贵的经验和启示：只要充分正视互联网在高校铸魂育人创新中的地位和作用，把握时代的特征、紧跟时代的步伐、解答时代的难题、引领时代的潮流，也会为高校铸魂育人带来新的思路、新的模式、新的途径和新的方法。

（一）互联网的发展是一把"双刃剑"

社会环境的发展和变化对于各行各业、各个领域来说，都意味着机遇与挑战、坚守与变革的开始。在过去的二十多年里，互联网的发展不仅推动了我国经济社会的快速发展，而且为高校铸魂育人找到了新的路径和载体，推进了高校铸魂育人的创新发展。不可否认，不管在什么领域或是什么行业，互联网的发展从来都是一把"双刃剑"。它的到来让各项事业的发展机遇与挑战并存。充分把握互联网发展的规律，找到新的、正确的发展途径，是各项事业健康发展的关键所在。

1. 互联网的发展势必不断颠覆高校铸魂育人的环境

互联网的发展使人类科学技术以前所未有的能量对社会经济、生活等各个方面产生颠覆性的改变，它对社会经济发展的推动作用势必反作用于自身的发展，这种良性循环周而复始，给互联网的发展带来极大的动力。所以，我们应该认识到互联网的前进步伐是不可阻挡的，互联网的发展势必对高校铸魂育人的环境产生影响，铸魂育人工作挑战不断增加、难度不断加大。首先，互联网的发展使大学生的学习、生活状态变化更快，更加多元和难以把握。互联网科学技术的日新月异，让学生的学习方式、生活状态变化无穷，使铸魂育人工作更加难以准确把握学生的特点，有针对性

地开展。其次，互联网的发展不断改变着高校师生的学习、生活、工作环境，原本行之有效的铸魂育人途径和方法很快变得不合时宜，对高校铸魂育人的创新发展提出了更高的要求。因此，充分认识互联网发展的不可逆及其对高校铸魂育人的影响，是高校铸魂育人不断创新发展的关键。

2. 互联网的发展给高校铸魂育人创新带来了众多机遇

颠覆与创新从来都是一对儿不可分割的关键词。面对互联网发展带来的挑战，高校铸魂育人不断创新发展，克服了各种新环境带来的新变化和新难题，始终保持着实效性。这一发展历程让我们面对互联网带来的颠覆性变革时，显得更加从容，坚信互联网的发展会给高校带来更多的发展机遇。例如，互联网带来了更加广泛和巨大的德育资源库，提供了更多的选择；互联网数据的采集、分析、传播等功能，让高校思想政治教育工作者能够更加准确、全面地把握学生的真实状态和现实需求，对每一名学生精准"画像"并有针对性地给予指导和帮助；互联网能够给师生带来更多的交流方式和渠道，打破某些壁垒，拉近师生之间的距离，增强铸魂育人的效果；互联网的发展使铸魂育人活动的面貌更加生动、亲和，效果大大提升；等等。因此，面对互联网发展带来的颠覆性的变化，只要正视其带来的机遇，积极把握和运用互联网的优势，探索、研究和推进高校铸魂育人的创新发展，就一定能够找到新的途径和方法。

3. 正确运用互联网是增强高校铸魂育人实效性的关键所在

仔细梳理互联网视域下我国高校铸魂育人的发展历程可以发现，互联网进入我国之初，对高校的环境影响尚浅，高校更多的是利用互联网扩大覆盖面，这时的互联网发挥着"锦上添花"的作用。随着互联网的不断深入发展，高校师生的行为方式逐渐被影响和改变，随之而来的是对高校铸魂育人的深刻影响，高校不得不深入探索和研究互联网视域下铸魂育人的新特点、新规律，以求能够保持好铸魂育人的实效性。高校利用互联网开展铸魂育人创新的历程给出了启示，互联网的发展越快，对高校德育实践的影响就越深入，而这一趋势是不可阻挡的潮流，只有充分地把握互联网的优势，正确运用其技术探索新的实践途径和方法，才能保持铸魂育人常做常新、"不掉队"。同时，从互联网视域下高校铸魂育人的发展历程也可以看到，互联网虽然是新兴的社交手段，甚至将成为未来主要的学习、交流手段，但无论高校铸魂育人创新如何开展，其内涵如何丰富，师生之间的面对面、人性化的互动，亘古不变的言传身教还是需要坚守的环节。在未来，利用互联网开展的铸魂育人可能不仅仅是现实生活中德育活动的有益补充，它还将占据相当的比重。高校铸魂育人也要正确权衡和把握互联网的优势，处理好变革与坚守的关系，如此才更有利于达成学生健康成长、全面发展的共同目标。

（二）高校铸魂育人的创新发展必须彰显时代性

互联网视域下的高校铸魂育人发展历程告诉我们，高校铸魂育人始终是做人的工作，最突出的是做人的理想信念、道德品质的教育工作。随着社会的发展和时代的变迁，不同的历史阶段有着不同的社会外部环境，社会成员的自身特点和精神面貌也不尽相同，高校铸魂育人也有着不同的特征和使命。2016 年 12 月，习近平总书记在出席全国高校思想政治工作会议时指出："做好高校思想政治工作，要因事而化、因时而进、因势而新。要遵循思想政治工作规律，遵循教书育人规律，遵循学生成长规律，不断提高工作能力和水平。"[1]因此，高校铸魂育人的创新发展必须彰显时代性，充分把握德育工作的新内容、新规律和新方法，针对高校学生的新特点，重点解决新时代的实践难题，抓住时代的新优势创造性地发展铸魂育人，引领时代发展的潮流。

1. 紧跟时代的步伐把握规律性

互联网的高速发展不仅推进了社会的快速发展，还颠覆性地改变了人们的生产和生活方式。高校铸魂育人恰恰是做人的教育和引导的工作，从来都是强调学生的主体性地位，对学生自身的特点和发展规律的把握，从根本上决定着铸魂育人的成败。互联网的革新推动了社会经济纵深发展，伴随而来的是为学生更具独立性和多元化的生活方式提供了"土壤"和现实条件。高校铸魂育人的创新发展必须始终紧跟时代的步伐，密切关注新的时代背景下学生的发展变化，洞察和把握学生的学习、生活、工作和思维等方面的新变化和新规律。特别是在互联网时代的信息技术和新媒体技术空前发达的背景下，教育者与受教育者对教育资源的获取渠道日渐统一，

① 习近平. 习近平谈治国理政（第二卷）[M]. 北京：外文出版社，2017：378.

师生的话语地位、主客体身份及对教育资源的占有格局日渐对等，教育资源的形态日新月异。高校铸魂育人的创新发展只有准确把握了这些新规律和新变化，才能够找到符合时代要求的方法和路径，不断增强铸魂育人工作的科学性和有效性。

2. 解答时代的难题——注重针对性

通过对互联网视域下高校铸魂育人发展历程的梳理可以发现，高校铸魂育人的发展是具有鲜明的时代特征的，归根到底是因为高校铸魂育人在每个历史发展时期都有着不同的时代难题。高校铸魂育人的创新发展必须有针对性地解答德育工作所面临的这些时代难题，这是高校铸魂育人创新发展的现实性问题，也是重点的课题。高校铸魂育人创新发展必须在把握时代发展的新变化和新规律的基础上，根据德育主体、德育内容、德育载体和德育模式等所面临的难点和难题，有针对性地进行符合时代要求的优化与创新，以满足时代的发展需求。例如，随着互联网的发展，铸魂育人的路径不断变化，高校铸魂育人创新就应该围绕新的实践环境，不断拓展德育实践新路径。互联网环境的虚拟性和隐匿性容易使学生产生诚信缺失、自律性和责任感不强等问题，高校铸魂育人创新发展应该重点研究培养学生的责任感、诚信等道德品质，不断提高学生的道德认知能力等。互联网的开放性和多元化容易让学生出现信念不坚定、文化不自信等问题，高校铸魂育人创新发展应该有针对性地着重加强网络监控体系建设和主流引领阵地建设。总之，高校铸魂育人创新发展的时代性更加体现在实践过程中针对学生"缺啥补啥"的时代难题的解决上，在互联网发展的过程中找准并解决新问题和新痛点，是提高高校铸魂育人实效性的关键。

3. 引领时代的潮流——富有创造性

尽管互联网进入我国的时间相对较晚，但凭借我国国民经济与政府体制的改革成果驱动，互联网在我国的发展已经显露出巨大的潜力。纵观互联网在我国的发展历史，可以看到我国社会的各个行业、各个领域，以及生活的方方面面逐步打上了深深的互联网烙印，这已成为我国社会发展的时代潮流和趋势，各个行业和领域都已经充分正视了这一潮流和趋势，开始不断探索和研究，试图找到新的驱动力和增长点。高等学府作为国家高层次人才培养和科学研究的主阵地，更是应该站在时代潮流的最前列，富有创造性和创新性地找到引领时代潮流的发展机遇，不断提升人才培养质量，为中国梦的实现作出贡献。在互联网视域下高校铸魂育人的发展历程中，德育工作不断因事而化、因时而进、因势而新地创新发展，既保持了铸魂育人的实效性，也对高校铸魂育人的创新发展给出了启示。高校铸魂育人的创新发展始终要明确自身使命感，站在引领时代发展潮流的最前列，勇于尝试和接受互联网发展带来的各种新思维和新技术，善于从中找到可以与高校铸魂育人相融合的切入点，不断提高铸魂育人与时代发展的契合度，积极开展创新研究，使互联网的发展对高校铸魂育人创新发展的作用由"黑马"变成"骏马"，这样才能充分体现出高校铸魂育人的发展智慧，让高校铸魂育人在社会快速发展和变迁的时代，永葆其创新性和创造性。

第二节　　全媒体时代高校铸魂育人面临的机遇

第一章中已经阐述，在教育学中，铸魂育人是生命教育、成人教育，是德性教化或道德教育，把培育有灵魂的人作为教育目标，因此，通过高校德育铸造大学生马克思主义之魂、社会主义核心价值观之魂、爱国主义之魂，使之成为合格的践行马克思主义、肩负中华民族复兴使命的接班人。

全媒体是在互联网信息技术迅猛发展的基础上应用而生的。它的到来不仅为高校铸魂育人创新发展注入了新的活力，提供丰富多样的教育方法与技术手段，也为高校铸魂育人工作增添了新的生机，提供了更多的可能性。

一、全媒体增强了高校铸魂育人创新发展的有效性

高校铸魂育人是一项复杂的工作，想要实现高校铸魂育人的创新发展，单纯依靠某一个媒体形态是不可能的。当高校利用校报校刊、高校广播站等传统媒体开展德育工作时，学生无法随时掌握最新信息，无法做到及时地反馈与沟通，影响学习效果。而新媒体的应用虽然极大改善了传统校媒存在的弊端，但各种非主流媒介终端的广泛应用，冲击了学生主流价值观

的形成。因此，高校德育工作者只有在教学过程中牢牢把握全媒体的发展趋势，积极利用全媒体，促进多种媒体的深度融合，注重多种手段的并列运用，才能努力扭转这种尴尬现象与被动局面，才会增强学校德育的有效性。

首先，在内容方面，传统校园媒体依旧要以内容为王，在原创内容上下功夫，进行有针对性的课程设置、思想内容宣传，加强红色文化、党建文化、国家时政要闻的宣传力度，以此来增加学生群体的黏性，使学生保持一个长期的关注度，不间断地进行优质内容推送，促进学生主流价值观的形成。

其次，在实现路径方面，要加强移动终端使用。手机是学生使用最多的移动终端，手机校报、移动校园的便捷性与互动性，内容的丰富性与创造性更是吸引了不少学生群体，丰富了他们的感官体验，激发了他们的学习兴趣，达到了高校铸魂育人的有效性。这样的高校铸魂育人既有传统校园媒体在优质内容上的不断突破，又有在形式上的多种创新，内容与形式的不断创新与融合再次证明了高校铸魂育人需要不断与时俱进，才不会被时代所抛弃。

二、全媒体促进了高校铸魂育人创新发展资源的整合

全媒体是信息、通信与网络技术条件下，传统媒体与新媒体之间、新媒体诸构成之间及新媒体自身诸要素之间深度融合、全面互补的结果。[①] 它的互融、共享、互补促进了学校德育资源的整合与共享。

首先，内容的整合与共享，意味着教学空间的再度开放，这就有利于信息的及时整合与共享。经过层层筛选与整合，教育者可以将有利于学生身心健康的信息发布出去，实现信息资源的共享。同时，这种共享也是双向的，受众在网络上可以获取自己想要的信息，也可以主动将自己知道的信息提供给他人，实现多层面多方位的资源共享。网络资源的共享性为高校铸魂育人提供了一个广阔崭新的发展空间，这在一定意义上克服了传统教育狭窄性的弊端。此外，我们还可以通过网络进行实时互动与关注，更加深入地了解多数学生的心理状态与思想状态，针对性地提供帮助和引导，

---

① 梁庆婷，包娜. 全媒体时代思想政治教育话语的困境反思[J]. 中国矿业大学学报（社会科学版），2019，21（06）：56-64.

提高学生的心理素质，解决学生心理问题，使其树立正确的理想信念，形成良好的思想作风。

其次，全媒体有利于更好地整合主体资源优势。高校铸魂育人的创新发展工作必须做到"要注重提高质量和水平，增强吸引力和感染力"[①]。这就要求高校在开展德育实践活动时，既要高效地利用全媒体技术，增加全媒体在高校铸魂育人工作中的比重和分量，也要提高传播内容的质量与水平。同时又要做到在宣传内容上"让群众爱听爱看、产生共鸣，充分发挥正面宣传鼓舞人、激励人的作用"[②]。做到内容与形式相统一，理论与实践紧密结合。此外，从事德育工作的相关人员也在努力突破原有束缚，适应与调整德育的教学方式。学校管理人员要求打破原有的监管壁垒，学习全媒体新的技术与管理模式，努力调整并完善原有的管理手段。例如，统一制定媒体运行与管理的一系列规章制度，保证校园传媒工作的制度化与规范化，以制度建设推动德育资源整合，重视专业化队伍建设，规定校园传媒的选拔制度与用人标准；制定校园传媒工作的具体行为规范，建立相关培训制度，提高队伍的实际工作能力；强化网络监管，有效引导网络舆论等基本内容，进而为高校铸魂育人的资源整合提供保障。

最后，高校要综合运用资源，实现资源的整合与共享。要利用好人力资源，发挥好人力资源优势，培育专业性的人才，建立专门研究、操作资源整合的队伍；积极建立健全财务机制与体系，发挥财务资源在高校铸魂育人资源整合中的重要作用；要加大财力、物力的投入，加大对人才培训与网站维护等方面的资金投入；要巧用组织资源，以学院党委书记带头，党员同学做表率，形成院校两级的协同工作体系；在党委的统一领导下，学校各部门、各院系共同努力，齐抓共管，最终实现高校铸魂育人的资源整合与共享。

---

① 习近平总书记在党的新闻舆论工作座谈会重要讲话精神学习辅助材料 [M]. 北京：学习出版社，2016：7.

② 习近平. 习近平谈治国理政 [M]. 北京：外文出版社，2014：155.

三、全媒体丰富了高校铸魂育人的方式

传统思想政治教育方式，更多是一种自上而下的"一刀切"模式，主要表现为一种指令性的教育方式，并且是学生必须在规定时间内在规定的场所接受教育。而全媒体时代，教育者与教育对象可以在任何一个设有终端的地方随时传播并获取所需知识，教育方式与手段不再仅局限于课堂，课堂之外的现实空间与虚拟空间也在同步发展。因此，对思想政治理思想理论教育论课教师来说，用好全媒体是适应时代发展需要、夯实思想政治理论课主渠道作用的必然选择[①]，也是扩大德育范围、提升教学效果的必由之路。

首先，高校铸魂育人可以利用全媒体将党的理论和路线、国家的大政方针、校园的实时动态及学生的思想状况进行更高效的传递。例如，在现实空间里可以通过校园展示栏、校刊、校报及校园广播等进行展览与宣传，而在虚拟空间领域以社交媒体为核心搭建的新媒体生态圈，不仅为德育工作者与大学生提供了反馈信息和真实想法的交流互动平台，而且为教师更多地了解、关注学生打开了一个新的窗口。同时，教育者还可以充分利用全媒体的多样化技术与多重功能，组织学生收看优质视频公开课、看电影、网上作业、网络论坛讨论等，教育的手段更趋向现代化。此外，以自媒体为核心搭建的"意见领袖"体系，如校园官方微博、校园社交媒体、微信公众平台、学校网站等多种方式与手段，凭借对内容的有效把握，经过层层把关、综合研判，选出优质内容，在话语体系的创新与完善方面，做到更加亲民接地气，更具吸引力与竞争力，以便更好地引导舆论导向，更加准确地掌握学生的心理状态与思想动态。这样既充分利用了传统校园媒体，守住了传统校园媒体在主流思想上引导的重要地位，又主动利用新媒体的传播优势，积极开拓创新网络德育新方法、新形式，通过一系列有趣的网络流行话语体系将时政要闻、思想感悟等表达出来。

其次，在传统媒体时代，大学生关注外界相关信息途径相对较少，而在全媒体时代情况则相反。大学生可以通过思想政治教育专题网站、各大

---

① 许慎. 全媒体时代思想政治理论课教学方法的综合创新 [J]. 思想理论教育，2019（12）：69-73.

门户网站专题讨论或者各个话题的风起云涌等多样化的途径获取自己感兴趣的信息。例如，浏览一些提高自己实践能力的有效资源、提高个人素质与能力以及帮助个人发展发展规划的网络课程等，这样不仅实现了大学生自身的教育需求，而且也明确了教育者的教学任务与目标，使其在之后的教育工作中把握核心内容，做到与大学生自身实际情况相结合，合理设置教学内容。同时，当代大学生使用各种不同的媒体工具或不同类型的社交网络，实际上是对现实生活中与同学、朋友的关系的一种延伸，他们可能在现实生活中因为面对面的表达，会感到局促与紧张，所以他们通过社交网络轻松表达出来，并使身心处于一个相对放松状态，缓解现实中紧张不安的气氛。此外，他们不仅在多元的方式中强调自我价值的实现，张扬个性，而且时刻了解社会的状态，关注国家的发展。因此，在全媒体时代，教育方式与手段的新颖性与吸引力是提高铸魂育人效果的重要前提。

四、全媒体拓宽了高校铸魂育人的教育平台

全媒体为高校铸魂育人塑造了全新的平台，为高校铸魂育人的创新发展提供了便利。传统的高校德育教育平台主要是以课堂教学为主，传播方式以单向传播为主，师生缺乏一定的交流。而全媒体技术的应用实现了德育平台由单向度向多向度的转变，实现了由静态向动态的形式转变，德育内容的教授与传播不再是"机械式发布"，无互动、无交流、无反馈，而是取得大的跨越和质的进步，在内容的发布与传递上更加立体化、及时化，更加自由。通过对全媒体技术的应用，教育主客体之间的沟通交流增强了，教育者通过对学生的实际需求的了解，思想动态的把握，可以更好地实现高校铸魂育人的目标，推进高校铸魂育人的进程。

首先，传统高校德育工作中，教师主要通过学生的课堂表现与座谈会、思想汇报等方式了解学生的思想与心理状况。但教育者在这一过程中，对学生真实思想状况的把握与了解缺乏真实性，甚至了解到的是错误信息。因此，教育者得不到真实信息，抓不住主要问题，德育的有效性也就降低了。马克思认为："社会——不管其形式如何——是什么呢？是人们交互活动

的产物。"① 在新时代，全媒体建构的高校德育主客体互动交流的新空间、提供的新平台，实际上是教育主客体之间互动交流的产物，教育者可以在这种空间与平台里更好地了解和掌握学生的思想动态。例如，教育者在发布相关信息时，可以采取多渠道发布，如通过官微、校园公众号、微信及直播方式传递相关信息、发布实时动态；同时，还可以通过一些留言或评价进行互动交流，近距离地体验与学生的互动沟通，更能够及时准确地了解学生的所思所想。大学生可以在网上尽情袒露心声，抒发自己的情感，表达自己的诉求。教育者可以在这里听到或了解到大学生个性化、多样化的需求，并及时地给予帮助。同时，教育者可以在这里发布传统优秀文化知识、传播先进的思想文化，引导大学生树立符合社会主义发展的主流价值观。

其次，全媒体时代的真正意义不仅是发展新媒体，更重要的是推动传统媒体与新媒体的深度融合，所以在利用新媒体平台推动高校铸魂育人创新发展的同时，也需发挥传统媒体的内容资源优势，大胆探索，开拓创新。例如，当下流行的手机媒体就是媒体融合得以实现的媒体平台，无论是大学生群体还是教育者群体的生活都离不开手机媒体，互联网、电视、报纸、广播等媒体技术在手机媒体上的汇合，充分证明全媒体时代已经到来，而且在实践方面，手机电视、手机报纸、手机广播等基于手机的融合媒体已投入使用。为此，高校可以在铸魂育人创新发展的过程中，将传统校园媒体（校报校刊、校园板报、校园广播等）中的时政要闻、思想内容、校园动态与手机技术相融合，传递到大学生群体，真正实现高校铸魂育人的创新性。总之，全媒体时代为高校铸魂育人的创新发展创造了最佳的技术环境，也为高校德育工作者提供了更加广阔的教育平台，实现了多元化教育平台的共同发展，增加了高校铸魂育人的吸引力与感染力。

---

① 中共中央马克思恩格斯列宁斯大林著作编译局. 马克思恩格斯选集（第四卷）[M]. 北京：人民出版社，2012：408.

第三节　全媒体时代高校铸魂育人面临的冲突与困境

全媒体在给学生的生活与学习带来便利、快捷的同时，也给高校铸魂育人的创新发展施加了新的压力，营造了更加复杂的传播环境，增加了高校铸魂育人创新发展的难度。

一、高校铸魂育人的实效性受到影响

全媒体在为学生带来丰富多元的信息与选择空间的同时，也带来良莠不齐的信息格局。这种格局所导致的结果是传播内容呈现快速裂变式爆发，"学生对信息的选择余地增大，选择的主动性空前增强"①，高校铸魂育人的实效性受到影响。在此种传播格局下，既有积极健康符合社会主义核心价值观的信息内容，也有影响我国社会主义意识形态的极端信息和与人类文明和社会发展主流相悖的信息。例如，西方敌对势力和一些不法分子利用舆论优势，大肆传播自己的意识形态和价值观念，西方所谓的"普世价值"也一直通过适合大学生特点的，且比较隐蔽的传播手段对大学生进行意识形态的渗透。大学生往往很容易被这些杂乱的、非主流的信息所吸引，并经常沉浸其中，难以自拔。由于长时间地迷恋这些信息，他们的情绪也开始随着信息的变化而变化，尤其对于自控力较差、无自律意识的大学生而言，这些信息对他们的吸引力犹如"精神鸦片"，日益消解其内心的价值观，并对其身体与心理健康造成很大的威胁。同时，这些传播信息，在一定程度上具有迷惑性和隐蔽性，学生往往会被这些丰富多彩的信息的表面、假象所迷惑。而当他们面对了太多诸如此类的信息时，又会出现无所适从、束手无策的状态；部分信息判断力较弱的大学生在面对海量化的复杂的信息时，也常常会出现焦虑不安情绪。

高校大学生对于新鲜事物的好奇心特别强，他们每天会将大量时间放在

---

① 杨曦阳. 全媒体时代思想政治教育新论 [M]. 长春：吉林文史出版社，2017：89.

网络上，除了学习需要，还会浏览网页、阅读新闻资讯、翻阅微信朋友圈甚至看娱乐新闻。面对海量的信息，真假难辨的新闻，尤其是大量与内容无关或联系不大的"标题党"的存在，使大学生在接触信息时只是快速浏览或者漫不经心翻阅，并不会深度参与，也不需要动用任何想象。而这种消遣式的浅阅读，通过快速浏览的方式，也会渗透到日常学习中来，使多数大学生不再潜心钻研深奥的理论，也不会细细品读经典著作带来的心灵震撼，他们只是浅尝辄止而已。这样，浏览越多，钻研越少；看得多，思考得少；知道得越多，记忆得越少；感性越多，理性越少。这种不求甚解、不愿思考、流于表面的学习严重影响着大学生的学习习惯与思维方式，导致他们的思考能力降低，甄别事物的能力出现偏差。新时代大学生适应网络的能力强，接收信息快，思想都较为开放，可以自由地接收或者传播观点与思想，在这种信息来源海量、传播思想畅通无阻、泥沙俱下的情况之下，过量的真假难辨的信息围绕和包裹着大学生，加之他们经验阅历尚浅，成熟正确的"三观"尚未形成，难以科学地甄别和正确地判断，这就导致他们在实践过程中出现判断事物的能力越来越低，并且对网络依赖性较大，偏听偏信，缺乏思考，出现判断力偏差，甚至作出错误选择进而导致严重的后果。

二、高校铸魂育人的话语权受到挑战

在全媒体时代，海量信息通过各种媒介终端的快速传播，各种竞争与交锋不断增多，高校思想政治教育工作者的话语权受到挑战，主导地位呈现弱化倾向。传统德育过程中，思想政治教育者在思想政治教育实践中具有突出的主动性与主导性[①]，并"素有'人类灵魂工程师'的称号，在大学生的心目中享有极高的荣誉"[②]，并且他们需要通过不断的学习与经年累月的积累及长久的阅历经验来获取知识与信息。教育者通过自身获取知识或拥有更多经验而高于受教育者，因此始终处于优势地位。随着全媒体时代来临，互联网技术的不断进步，高校铸魂育人环境变得更加复杂。部分教

① 梁庆婷，包娜. 全媒体时代思想政治教育话语的困境反思[J]. 中国矿业大学学报（社会科学版），2019，21（06）：56-64.

② 迟桂荣. 新媒体视野下当代大学生思想政治教育研究[M]. 北京：中国社会科学出版社，2014：98.

育者不适应这种变化，甚至产生惧怕心理。另外，教育者与受教育者虽然都处于一个平等地位，处于接收信息的同一阶层，但接受信息的范围与能力显然是有差别的，受教育者对网络信息的接触与使用明显是高于教育者的，再加上网络信息的繁杂丰富，取之不尽、用之不竭，大大超过了教育者的知识储备。例如，教育者在施教过程中讲解的有些知识可能受教育者已经提前知道或了解过了，甚至掌握得更加扎实和深入；受教育者所关注或提问的有些内容，如网络热议话题或者网络用语，可能是教育者不曾关注或从未了解过的。因此，面对浩瀚的知识海洋，受教育者懂的知识越多，未知的也就越多，相应的问题也就越多，使得教育者的知识优势减弱，主导地位被撼动，原有的权威性光环也逐渐褪色。

"个性化的形成源于主体强烈的自我认知，而对自我的认知源于知识的获得，话语权的表达及自我意识的凸显。"[①] 随着媒介技术的不断进步，人们的自我表达意识也随之增强，越来越多的人渴望拥有更多的话语权。具体放到高校铸魂育人的传统口语媒介场景中，高校铸魂育人一般通过教育者口头表达与灌输，与受教育者产生较为亲密的接触，并且在这一过程中形成丰富的经验与受教育者所崇拜与尊奉的权威，而受教育者在这一过程缺乏话语权，自我表达意识也并不强烈。而随着全媒体时代的到来，媒介技术有了巨大的进步，受教育者拥有更多话语权、更多的选择，自我意识也进一步加强。教育者与受教育者的交流内容也变得异常丰富，在互动交流过程中，教育者遇到一些经验之外的问题，可以通过网络媒介获取信息，成为网络教育的受众，同时也可以是信息的传播者与接收者。尽管如此，同为网络学习者的德育教育者与受教育者，在成长环境与认知需求上还是存在一定差别，受教育者的认知需求与学习环境更加依赖网络，俨然是网络文化的主力军与虚拟社区的主要力量。甚至在某些领域，受教育者反而成为教育者的老师，并且他们不再满足"你讲我听"的传统教育模式，而是希望以平等的身份进行交流互动，教育双方可以互换身份，角色也日益模糊不再明确，教育者的话语权发生了新变化，竞争不断增多。因此，高校思想政治教育者必须直面现实，不断提高与完善自己的各方面素养，

①　孙琪. 媒介融合背景下高校思想政治教育的结构与重塑 [M]. 长春: 吉林文史出版社, 2019: 35.

开创踊跃争夺话语权的新局面，维持自身在与受教育者交流过程中的主导性地位。

三、高校铸魂育人的环境更加复杂

习近平总书记强调："网络空间天朗气清、生态良好，符合人民利益。网络空间乌烟瘴气、生态恶化，不符合人民利益。谁都不愿生活在一个充斥着虚假、诈骗、攻击、谩骂、恐怖、色情、暴力的空间。"[①] 现如今，媒介环境、网络空间总体处于一个积极向上的态势，但非理性谩骂、网络谣言、网上诈骗等依然时有出现，网络环境变得更加复杂化，高校铸魂育人的创新发展难度增加。

近两年，个别媒体为了追求点击率、浏览量，热衷追捧"网络红人"、娱乐明星，过度肤浅化、娱乐化的信息不断涌现，助长了享乐主义、奢靡之风，导致网络环境变得更加复杂化。越来越多不符合主流价值观的事物，以其博眼球、娱乐性及奇特性的特征，吸引众多受众并迅速走红，这对当代大学生的思想观念、理想信念及行为方式都有着很大的冲击。同时，网络谣言等的传播与辐射，极易形成负面舆论热点，危害大学生身心健康。例如，2017年年初不断在网络群组、微博、微信朋友圈及视频网站上广泛传播的"塑料紫菜"的视频，谣言称紫菜是黑塑料制成，并敲诈勒索商家；一些网站出现的低级庸俗的内容与网络出版物等都会对大学生生理与心理健康造成不良影响，甚至有时会导致行为失范，酿成大错。此外，一些西方国家因为在网络上占绝对优势，最大限度地掌控着信息的传播权，并以此进行信息的"垄断化"处理，借助先进的网络技术对我国进行思想、文化的渗透，强力推行文化霸权，传播所谓的西方价值理念、政治观点等，不利于当代大学生正确价值观的形成。因此，高校要高度重视对网络环境的治理，加强网络文化建设，强化主流舆论的正面引导，提高对大学生思想及行为的可控性。

全媒体纷繁复杂的网络环境对大学生政治信仰、法制观念及行为准则

---

① 习近平. 在网络安全和信息化工作座谈会上的讲话（2016年4月19日）[M]. 北京：人民出版社，2016：8.

提出了更大的挑战。网络中形形色色的主义、思想及信仰的出现，打破了马克思主义政治信仰的一元化局面，使大学生在形成正确"三观"的人生重要阶段产生了政治信仰危机，出现对共产主义信仰弱化现象。同时，部分大学生对我国传统的道德认知与追求，表现冷淡漠视，对于传统的道德标准没有敬畏之心，认为不符合现在社会需求，于是大部分学生会以自我为中心，缺乏对崇高理想的追求，对身边事物也是一副事不关己的态度，逐渐出现道德认知与行为的极端化。此外，网络环境的虚拟性与复杂性是现实社会无法比拟的，良莠不齐的信息与利益诱惑肆意蔓延，人们可以在这里伪装自己的身份，在网络上肆意传播自己想说的话而不用承担责任与后果，这在一定程度上弱化了大学生的法律意识与社会责任感，从而出现更多的网络暴力与网络犯罪现象。这些现象的出现，不仅揭示了当代大学生法制观念存在的问题，还说明了在复杂的网络环境中，大学生更容易进入法律的误区，也极易放纵自己的行为。因此，高校要更加重视全媒体对铸魂育人创新发展的影响，大力加强网络环境的监管力度，净化高校铸魂育人环境，提升教育质量。

四、高校铸魂育人的传统模式吸引力降低

传统教育模式中信息资源主要是由信息的生产者、发布者、传播者来掌握的，处于一个绝对的信息优势地位，这种信息资源占有的不平衡性与传播过程中的不对等地位形成传播者与受众的单向信息传播模式，而全媒体时代的到来逐渐打破了这种传统的德育模式。

传统的铸魂育人模式主要以灌输式、说教式为主，教育者进行单方面的知识、理论的灌输，在这种以教师为中心的教育模式下，学生长期处于一个被动地位，只是一味地接受教育，并没有真正积极主动地去思考，不利于学生创新思维的培养。而全媒体的强交互性、便捷性等特点，强烈冲击着传统的高校铸魂育人模式，打破了教师为中心的局面，以及突破了通过讲课、讲座等传统模式开展教育。同时，以其超媒体的特性吸引着大学

生群体，"这种超媒体性是在多种媒体中非线性的组织和呈现信息"①。比如，可以用手机看新闻、学时政，实现报网融合的新模式，同时也可以通过手机收听广播、收看电视，台网融合为大学生提供了深度的内容与丰富的形式，还能够及时传输信息与交流，使大学生在接触与使用手机的过程中，能够尽情享受手机带来的实用性与便捷性，获得更深刻的体验，拥有更强的自主性。相较而言，传统的教育模式缺乏生动与活力，使大学生在接受知识与信息时感到枯燥无味，传统教育模式的吸引力也逐渐降低。

在传统的铸魂育人模式下，学生的主体性地位不明显，师生双方平等交流的机会较少。而在全媒体时代，媒介融合发展的整体态势通过多样化的媒介环境、人性化的媒介技术影响着学生的思想行为，导致学生思想行为的多元化及自我表达的个性化，使他们拥有了更广泛的交往空间、更自由的选择维度、更多元的表达形式，以及更加个性化的身份标签。正是基于全媒体时代媒介技术对社会个体的深刻影响，信息传播与消费双方才可以处于同一平台上进行对等的交流与互动，也因此逐渐培养了大学生自主发言、选择意识，唤醒了他们在教育过程中的主体性意识，使他们变得越来越厌恶传统的填鸭式教学，而更加倾向于与教育者进行平等的对话与交流，渴望自主自由的选择，而不是被动接受教育者居高临下式的"满堂灌"。受教育者的主体性意识越来越强，而教育者的主导性却被逐渐削弱，教育理念与教育模式遭受冲击。因此，高校思想政治教育工作者应当重视全媒体带来的变化，并在以后的教育过程中，不断更新自身教育理念，提高教学技能，了解并掌握大学生群体性特征，构建大学生主体性发挥的有效途径，使自身主导性得到有效发挥，使传统教育模式在不断改进与创新中更加具有感染力与吸引力。

---

① 季海菊. 新媒体时代高校思想政治教育的解构与重塑 [M]. 南京：东南大学出版社，2014：49.

第四章　全媒体时代高校铸魂育人的实效问题

在全媒体时代，高校铸魂育人迎来了前所未有的发展机遇，但同时也受到许多制约。由于高校铸魂育人现状与客观环境的变化不相适应的矛盾使高校铸魂育人的实际收效与投入相比十分不协调，铸魂育人收效不大。高校铸魂育人工作还存在着薄弱环节，如当代大学生马克思主义信仰意识有待加强、社会主义核心价值观认知不足等问题，以及思想政治理论课教师对铸魂育人的意识有待提升、铸魂育人的内容转化不够理想等问题。本章对全媒体时代高校铸魂育人存在的问题及高校铸魂育人低效的原因进行剖析，进而从全媒体时代高校铸魂育人实效问题研究的主要内容和策略思考两个方面反思全媒体时代高校铸魂育人，以期加强对高校铸魂育人实效问题的认识与理解，探寻现代化的高校铸魂育人体系，不断提升铸魂育人实效性，推进高校铸魂育人的创新发展。

第一节　全媒体时代高校铸魂育人存在的问题

为更好地分析全媒体时代高校铸魂育人的现状，给高校铸魂育人体系提供现实依据，笔者设计了调查问卷。本问卷共设计了33道题，涉及大学生对马克思主义、"中国梦"、社会主义核心价值观、思政课课程教学等宏观问题的认同度或认知。整体上来看，问卷内容合理，能够准确反映出本次想调查的实际情况。此次调查问卷于2021年10月共发放电子问卷1000份，收回965份，有效问卷950份，无效问卷15份，回收有效率为95%，调查问卷的有效率达标。由参与问卷者在手机电脑客户端通过链接填写后使用 Excel 表格对数据进行统计分析。

通过对问卷的数据分析，学生对党的领导、中国道路、社会主义核心价值观和中国梦的认可度都非常高。当问到"对马克思主义的理解"（多选）时，76.6％的学生认为"中国要发展，必须坚持和发展马克思主义"，64.5％的学生认为"马克思主义是唯一能指导中国革命和建设取得胜利的理论"，54.2％的学生认为"中国社会制度的思想理论基础是马克思主义"。可见对党和国家的方针政策大学生们不再是漠不关心，不再单纯地受西方思潮的影响，而是具备了更高的认知水平。

一、当代大学生"魂"存在的主要问题

（一）马克思主义信仰意识有待加强

当今大学生对于马克思主义理论的掌握程度偏低。此次调查中，认为"马克思主义过时""不在乎或不清楚"的学生占比也比较大。当问到"能否说出与马克思主义有关的内容"时，仅有部分学生对马克思主义原理有浅层了解，大部分学生只能说出基本概念或相关名词。由此可见，他们对于马克思主义理论知识的了解相对来说是比较匮乏的，对马克思主义信仰本身的认识还不够深刻，部分学生的马克思主义信仰意识有待加强。

（二）社会主义核心价值观认知不足

通过调查发现，当前大学生对社会主义核心价值观的认知存在不足。虽然有部分学生对社会主义核心价值观内涵和主要内容等有明确的认识，但仍有学生不能完全说出社会主义核心价值观内容及内涵等。具体来看，有 24％的学生在价值观方面存在模糊的情况，且 20％的学生表示对价值观不清楚。在调查问卷关于社会主义核心价值观组成内容一题中，仅有36％的学生能完整地写出其主要内容，有 49％的学生能回答出"富强、民主、文明、和谐"等内容，但后面部分的内容很少能够回答出来；15％的学生回答不出任何内容，存在认知空白情况。这一调查结果充分说明了当前大学生对社会主义核心价值观存在认知不足的情况。

（三）中国精神践行能力有待提高

通过调查发现，当前大学生有着强烈的爱国情感和民族自尊心，但对于民族的责任感和使命感的践行能力还有待提高。大学生大多是"口头"爱国，对参与弘扬中国精神的社会时间活动的热情不高，不愿参加或迫于学校要求参加。比如在问到"是否了解弘扬和践行中国精神的方式和途径"时，有33.1％的学生选择"不确定、不了解"；关于"所在学校开展大学生中国精神教育的内容是否与现实生活紧密相关"，表示"不确定""不密切"和"完全不密切"的有20.5％，其中"完全不密切"的占5.6％。另外，高校大学生一方面尊重我国历史和民族英雄，不能容忍任何抹黑我国历史和民族英雄的行为；另一方面他们也受西方价值思潮的影响，在问及"对西方节日的态度"时，72.8%的学生表示认同，其中有29.3%的学生还会参与，还有14.5%的学生不认同却会参与是出于从众的心理。可见，当前大学生对于网络和社会中的言论和行为缺乏一定辨别力和理性的应对方式，对中国精神的践行能力有待提高。

二、高校思想政治理论课铸魂育人存在的问题

（一）高校思想政治理论课教师对铸魂育人的意识有待提升

目前高校教师在铸魂育人方面还需要继续努力，以达到铸魂育人的目标。

教师承担着塑造灵魂、塑造生命、塑造新人的历史任务。教师的责任就是培养社会发展所需要的人，即培养推动社会发展与进步、继承和传播文化、和国家共同进退的人。思想政治理论课教师作为立德树人、铸魂育人的工程师，应该清楚认识并在教育实践中深刻领会习近平总书记强调的"培养什么人、怎样培养人、为谁培养人"这个根本问题。这是思想政治理论课教师在教育工作中首先遇到和必须回答的问题。高校思想政治理论课教师要自觉地对学生进行信仰、价值、精神三个主要层面的理论教育，积极引导学生树立马克思主义科学信仰、社会主义核心价值观，筑牢爱国之基础。高校思想政治理论课教师理论知识扎实，对学生进行了系统全面的理论体系知识教育，在平时的授课中有意识地对学生进行铸魂育人宣传

教育，但由于思想政治理论课教师受到自身思维、文化底蕴和道德、政治观点等方面的影响，对铸魂育人的意识还有待提升。

教师在进行教学过程中，虽然对教材内容进行了全面系统的把握和讲解，但学生对于理论知识只会熟记硬背，对内容的了解不够深入，没有将理论转化为自身行动准则，这些需要思想政治理论课教师提升铸魂育人意识，帮助学生深化信仰的认识。例如，此次调查中，关于"对马克思主义理论的了解程度"（多选）这一问题，认为"中国要发展，必须坚持马克思主义、发展马克思主义，它仍然是中国的精神支柱"的学生有76.6 %，64.5 %的学生选择"马克思主义是经济历史和实践检验证明，唯一能指导中国革命和建设取得胜利的理论"，54.27 %的学生认为"中国社会制度的思想理论基础应该是马克思主义"，这些数据说明高校大学生具有马克思主义信仰，高度认可和支持中国共产党的领导。当问到"能否说出与马克思主义有关的内容"时，仅有39.6 %的学生能大致说出马克思主义哲学的发展过程，对马克思主义基本原理有系统性的了解。其余学生只能说出基本概念或相关名词，对于具体内容了解不深。由此可见，大学生对于马克思主义理论知识的了解相对来讲是比较匮乏的，对信仰本身的认识还不够，没有清楚认识到中国共产党与马克思主义的关系和马克思主义对中国革命、建设、改革的指导作用，致使部分同学自认为马克思主义信仰缺失，对信仰的认识还有待深化。

（二）思想政治理论课对铸魂育人的内容转化不够理想

1. 思想政治理论课教材内容对铸魂育人阐释得不深刻

教材是学生掌握基本概念内涵，获得规范性、系统性知识的重要文本，是用新理念新思想铸魂育人的主要依托。党的十九大召开后，中宣部和教育部按照党中央部署，对马克思主义理论研究和建设工程重点教材进行了修订，及时将习近平新时代中国特色社会主义思想融入高校思想政治理论课教材，但对铸魂育人的阐释还不够深刻。习近平新时代中国特色社会主义思想深刻回答了新时代坚持和发展中国特色社会主义的总体布局、总任务、总目标、战略布局和发展方向、发展动力、发展方式、战略步骤等基本问题，涵盖了经济、政治、文化、教育、党的建设等各方面。思想政治理论课教材在阐释和介绍时还不够深入，没有全面详细地从经济、政治、文化、社会、生态、科技、外交、军队建设、党的建设等各方面集中阐释宣讲与铸魂育人有关的内容。

2. 思想政治理论课的基本理论教育不能提升到"魂"的高度

大学生正处于青少年时期，心理情感尚未成熟、知识体系尚需健全、视野格局尚待开阔，易受负面消极情绪影响，意志力不够坚强，最需精心教育与用心引导。新时代对高校思想政治教育工作提出了新要求，即要培养的不仅仅是能牢牢把握社会主流指导思想、掌握马克思主义方法论的人，而是"有灵魂"的人，是自觉主动地学习新思想、新理论成果，有着明确信仰信念、正确价值判断、强大精神力量的人，是对思想能够内化于心，外化于行的人。显然，仅靠理论教育不能满足这一要求。例如，对于社会主义核心价值观来说，绝大多数学生对于其持肯定态度，认为非常必要且能够实现社会主义核心价值观，这表明思想政治理论课教师现有的培育方式对培养学生树立正确的价值观有一定成效。调查结果显示，思政课堂的作用占 87 %，是加强社会主义核心价值观教育的主要途径，主题活动、报告讲座、党团培训和表彰活动等也有较大作用（见图 4-1）。虽然高校大学生社会主义核心价值观的培育方式不少，但多停于表面，效果并不明显。即使是课堂上也仅有不到半数的学生认为教师的讲解有很大帮助。调查结果显示，大学生更倾向于多角度、多途径的讲解和学习方式，能够把知识转化为实践的行动准则，从自己开始，通过身边的小事，加强社会主义核心价值观的学习和运用（图 4-2）。

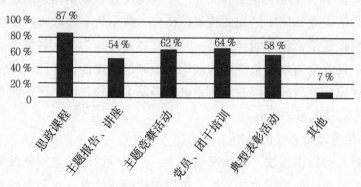

图4-1　加强社会主义核心价值观教育作用更大的方式

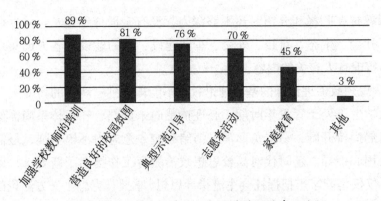

图4-2 培训和践行社会主义核心价值观的有效途径

3. 思想政治理论课对"魂"的内容进行的教育活动不及时

随着互联网的普及和大众传媒的发展，学生获取信息知识的途径不再局限于课堂讲授，变得更加广泛。由此可能造成学生获取信息的速度超过教师，出现学生知识容量高于讲课教师的现象，甚至有的教师教学信息的广度和深度还不如大众传媒平台分析得透彻的现象。这必然会降低学生的学习积极性，思想政治理论课教师的地位和社会作用也会受到影响。另外，滞后的理论知识跟不上不断发展的社会实践，容易造成思想政治理论课教材内容不能及时满足学生现实需要的局面。调查显示，在思想政治理论课以外的时间，学校进行其他形式的教育活动较少，所以没有得到足够的时间保障，导致思想政治理论课进行"魂"的教育活动不及时。

（三）通过思想政治理论课铸魂育人的方法有待改进和提高

课堂教学具有以下方面的优势：在课程设置和教学体系的建设上能直接体现和落实党和国家的相关政策、精神；课堂教学是教师和学生互动沟通的最直接桥梁，教师能够在第一时间有针对性地为学生释疑解惑；学生能够集中接收全面规范系统化的理论知识和信息技能，因此，课堂教学依旧是开展思想政治理论课教学的主渠道与基本途径，但是在铸魂育人的方式方法上有待改进和提高。

1. 传统教学方法的沿用

部分教师以讲授法、理论灌输为主，偏课堂讨论、重案例教学等某一种具体的或单一的教学方法，综合运用现代网络信息技术与各种教学方法的开展教学活动不擅长。有的青年教师过分依赖多媒体课件，降低了应有的思想性，忽略对理论的深入阐释而造成课堂教学的"喧宾夺主"。随着信息化技术的快速发展，信息化教学成为时代发展的必然趋势，因为其人人皆学、处处能学、时时可学的特点与优势，网络在线学习模式日益受到重视与追捧，"慕课""微课"与混合课堂的组合如雨后春笋般涌现，但是信息技术引领下发展起来的在线学习模式也不是完美无缺的——现实中在线学习模式存在着授课教师缺乏与学生的有效沟通、人数过多、课程内容更新不够及时、课程完成率不高、建设周期长等问题，为此把传统课堂教学的优势和信息技术高度融合已然成为大势所趋，是思想政治理论课教学改革创新发展的必然要求。

2. 实践体验法运用不足

思想政治理论课实践教学是对课堂知识巩固和掌握教学重难点的过程，同时也是教师与学生拉近距离，增加亲和力，提高学生思想素质的重要途径。思想政治理论课现有的实践形式还停留在课外阅读、课堂多媒体设备观看视频、校外参观纪念馆、社会调查等。学生处于被动地位，主要作为观众进行实践，缺乏真正的体验感。部分学校和教师也开展志愿服务等形式的实践教学，但因缺乏组织性而达不到想要的效果。在回答"你所在学校是如何开展习近平新时代中国特色社会主义思想宣传教育活动"时，仅有7.9%的学生选择了社会实践，82.5％的学生选择课堂教学和学科渗透，说明新时代大学生期望授课模式能有改变，倾向于实践教学和互动教学的授课模式，更加注重理论与实践的结合。思想政治理论课实践教学不佳的原因有很多，包括安全考虑、时间安排、经费问题等，其中最主要的原因是实践基地的匮乏，现有的思想政治理论课实践基地大部分是博物馆和纪念馆等，没有与专业的社会实践基地共享共用。

3. 理论到思想转化的相关方法挖掘不到位

思想转化法是教师通过多种途径和方式的综合运用展开教学，但思想转化方法在运用过程中存在以下问题：部分教师还停留在用单纯的理论灌输和事实说理的教学方法。调查显示，当问到"你的辅导员或者任课教师通常是采用以下哪些方式对你进行思想开导和教育"（多选）时，选择理论灌输的最多，占80%，选择事实说理的占69.5％，选择实践锻炼的占45％，选择网络沟通的占 17 %，选择其他的占 7.7 %。选择理论灌输和事实说理的比例明显比实践锻炼、网络沟通和其他方式要高，也就是说，教师在运用思想转化方法时重理论而轻实践，重课堂而轻课外。

第二节　全媒体时代高校铸魂育人低效的原因剖析

根据调查分析，可得出以下结论：高校思想政治理论课教学效果不尽如人意，高校大学生存在着"魂不守舍"的问题，具体教学改革实践中的教学制度改革复杂、教师综合素质有待提升及社会思潮的大冲击造成了高校铸魂育人实效性不佳的困境。

一、高校思想政治理论课的课程改革不到位

党和国家对教育工作高度重视，不断推进学科建设，为思想政治理论课建设提供了根本保证和有力支撑，取得了显著的成绩，但是也看到了一些不足，主要表现为在高校思想政治理论课的课程改革中没有解决好以下关系。

（一）课程内容理论与实践的关系

思想政治理论课的学科性质要求教学中理论和实践二者不可分割。其目的不仅是让学生掌握基础理论知识，还要把这些理论知识内化为自己解决实际问题的思维方式。想要将知识化为行动指南，首先要理解和掌握知识，因此，课堂讲授成了重要的教学方式。但仅仅依靠课堂讲授是不够的，因为我们最终的目的是要把理论外化为能力，要想达到这一目的，需要社会实践。随着新课改的不断深入，对高校思想政治理论课教学内容提出了更高的要求。思想政治理论课教师要在教学过程中将理论教育与社会现实结合起来，通过实践去诠释理论，让学生在实践体验中主动探寻理论指导。

就思想政治理论课的角度来说，更多注重的是理论知识的传授。例如"马克思主义基本原理"这门课程，理论内容深奥难懂，应用知识与实际生活

相脱节，大部分理论的传授方式主要是抽象的理论解说，对于当下正面临的很多实际问题并没有给出正面回答，容易造成学生知行不一，在现实生活中自私自利、诚信缺失，对社会和他人冷漠，这与高校铸魂育人的目标是相违背的。

（二）课程内容的稳定性与社会发展的与时俱进的关系

思想政治理论课的性质决定了其在思想性、政治性和对教学内容的新颖性、理论联系实际上有很高的要求。思想政治理论课教师能否始终将教学内容与理论发展和实践发展同步，及时更新鲜活的时代内容，取决于他能否及时理解把握思想理论动态，能否始终跟随社会发展的最新实践进程。课程内容只有不断丰富创新理论和实践，赋予其鲜活的时代精神内涵，善于用发展的先进科学理论去分析解答社会发展中出现的社会现实问题，去解惑学生思想中出现的各种疑问，课程教学才能持续充满朝气与活力。因为只有通过课程教学帮助学生解决在思想理论和价值选择上的各种困惑，才能把学生吸引到课堂中来；思想政治理论课只有真正贯彻理论联系实际，科学地、有说服力地回答社会发展过程中的难疑点问题，才能激发起学生的现实理论需要；只有坚持与学生成长成才要求、思想实际、全面素质提高的要求相结合，才能有效调动其主动学习思政课的积极性。

（三）科学知识教育与思想觉悟形成的关系

人类思想观念的出现是知识积累发展到一定程度后的积淀和总结。科学知识教育是思想觉悟的前提和基础，思想觉悟又影响着科学知识教育的发展。离开科学知识教育，便会缺乏具体实施的形式和条件，缺少具有说服力的有效载体，从而成为枯燥空洞的说教，让学生产生抵触情绪。若只局限于科学知识教育而忽视思想觉悟的提升，思想政治教育会失去铸魂育人功能，失去存在的意义与价值。通过科学知识教育使学生形成高尚的精神世界和科学的世界观方法论，形成坚定的信念及良好的道德素质是高校思想政治理论课课程改革的重要方式之一。但在现实的思想政治教育过程中，依然存在将思想政治理论课教学智育化、排斥科学文化知识教育，流于空洞说教的现象。因此，思想政治理论课改革要适当地增强教学内容中的科学含量，用科学的理论武装人，提升思想政治理论课的说服力和感召力。

教师要引导学生在掌握科学知识理论的基础上形成科学的世界观和方法论，形成适应社会发展要求的科学文化素质和思想道德素质。

（四）基本理论教育与"魂"的提升和形成的关系

高校思想政治理论课的基本理论教育与铸魂育人中的"魂"的提升和融合还有待丰富和完善。思想政治理论课教师除依据教材之外，还应结合魂的主要内容更深层次地给学生讲课，提升"魂"的层次。例如，在讲解"马克思主义基本原理"时，需要侧重从三个方面展开阐释。一是要将党的十八大以来习近平总书记有关加强马克思主义理论教育的重要观点、重要论述贯穿于教材之中，在教材中直接展现出来。二是将习近平新时代中国特色社会主义思想的基本内容结合教材的特点进行充分融合。比如，将关于马克思主义特征的表述、创新的重要论断等方面结合教材各章各节的具体内容深入开展。三是要着重阐明习近平新时代中国特色社会主义思想在马克思主义发展史上的地位和作用，阐明其对科学社会主义基本原理的理论贡献。

（五）理论教育内容与学生思想需求的关系

目前，存在着思想政治理论课教师与学生的接触交流相对较少的现象。因为大多数学校都建有新校区，教师在新校区一周只有一两节课，学生除上课时间之外，其他时间段很难见到教师，师生之间课外交流时间较少，这就导致思想政治理论课教师很难及时地掌握学生思想困惑，不能了解学生的思想动态。在课堂教学中脱离学生的思想需求，教学就会缺乏针对性，学生便会感觉思想政治理论课内容空洞无物，与自己实际生活毫不相关，从而导致学习兴趣较低。因此，思想政治理论课教师必须到学生群体中主动了解学生的思想动态，准确掌握学生的思想脉搏，及时解决学生的思想困惑，增强教学的针对性。这不仅可以帮助学生解决思想理论问题，还能增进学生对教师的亲近感，并使理论教学真正地触动学生。

二、高校思想政治理论课教师的综合素质有待提升

思想政治理论课是高校落实立德树人的关键课程，思想政治理论课教师则是上好这一课程的关键所在。思想政治理论课教师讲课的效果会直接

影响教学效果，从而影响大学生价值观的塑造和思想道德的培养等。思想政治理论课具有较强的拓展性和开放性，要求任课教师要及时关注时政热点，学习党的最新理论成果，拓展教学内容，调整教学方法，运用合适的教学手段，从而提升教学效果。就高校思想政治理论课教师个体而言，其综合素质有待提升。

（一）教师的理论水平有待提升

现如今，高校思想政治理论课教师水平参差不齐。部分教师知识储备量低，本专业技能掌握得不熟练，对书本上的知识了解得不全面，无法将理论知识与发生在学生身边的各类相关社会现象联系起来，只是单纯地讲解概念和理论，无法构成完整的知识体系。这些现象的存在都对学生的学习效果起到了阻碍作用，应该意识到这些问题的存在，并进行深入分析，检验教师的职业能力。

（二）教师的思想觉悟水平有待提升

思想政治理论课教师不同于其他教师。思想政治学科的时政性较强，因此对任课教师的要求也较高。他们承担着宣传社会主流意识形态，帮助大学生成长成才的历史重任。虽然绝大多数高校思想政治理论课教师已经具备了基本资质，综合素质也有所提高，但仍有部分教师难以适应新的形势要求。其中，存在着个别靠知识技能吃老本的教师，不仅影响了教学效果，也严重制约教师队伍建设。设想，如果高校中个别教师的马克思主义信仰不坚定，他将这种不坚定思想带到课堂上并传递给学生，必定会影响学生的价值塑造，背离高校的教学宗旨，从而弱化教师对学生铸魂育人的效果。因此，高校思想政治理论课教师的思想觉悟水平有待提升，以便扫除高校思政课改革中的障碍。

（三）教师的政治意识有待提升

思想政治理论课教师肩负着重要任务，这就要求他们要有坚定的马克思主义信仰和深厚的马克思主义理论素养。当前绝大多数思想政治理论课教师都具有坚定的政治信仰和崇高的理想信念。在改革开放的新时期，一些思想政治理论课教师受经济市场化、社会信息化、文化多元化等消极因素的影响，导致其政治信仰不坚定、理想信念模糊，马克思主义立场不坚定，逐步滑向了非马克思主义的泥淖，具体表现在对马克思主义基本理论的认识含糊，对中国发展道路及其走向有疑惑，对中国近现代史和中国国情缺乏深入了解。其结果就是教学时不能通俗易懂地讲解马克思主义理论，不能有理有据地驳斥各种非主流意识形态的危害，不能正确引导大学生清晰地、客观地看待我国的发展现状。

（四）教师的媒体素养有待提升

在高校铸魂育人过程中，部分教师存在对不同媒体的掌握不到位的问题，更没有依托全媒体开展隐性教育的能力。部分年龄偏大的教师，在高校铸魂育人活动过程中仍然采取传统的授课模式，甚至有部分教师存在教育理念落后、授课内容过时的现象，更不必说让其将优质内容与新媒体技术相结合，将传统教育模式与当前先进教育模式相融合，实现教育模式的兼容并蓄，共同发展。同时，随着全媒体时代的到来，更多教师拥有知识、信息的优势地位明显下降，当他们在面对受教育者已经知道或了解到的知识，时常出现自己浑然不知或尚未了解的尴尬局面；又或者对当下的网络术语以及学生思维模式的不够了解而使自己逐渐被边缘化，这也无形中削弱了教师的话语权威和主导作用，高校铸魂育人功能也因此受到巨大挑战。大部分教师也仅仅是将媒体的多样化传播手段视为教学工作的一种工具，并没有将媒体素养本身视作一种素质教育，进而更好地提升自身的综合素养。而教师之所以出现媒体素养意识薄弱与媒介素养能力较低的问题，主要原因有以下三点。

第一，教师媒体素养的内容体系缺乏针对性。在信息爆炸式传播的全媒体时代，部分教师对媒体专业知识与相关理论的学习与研究不够深入，对媒体缺乏一定的关注度与敏感度，对信息内容的了解相对匮乏，媒体应用能力相对较弱，教师更多的只是被动接收与传播，并未将自己的教育工作与媒体素养教育有效结合起来，形成统一的整体。

第二，媒体素养教育的管理与协调机制不完善。教师的媒体素养提升与学校以及相关部门的支持与合作是密不可分的，学校、社会以及相关教育部门都是促进教师媒体素养提升的重要因素，对教师的媒体素养的培育与整体发展都具有重要的作用。部分学校与管理者在媒体素养教育体系建设中，缺乏切实可行的文件与方案，在实施教学过程中缺乏有效的指导，并且在组织课程教学与课后反馈评价体系中，关于媒体素养的内容有一定空缺，关于媒体素养的课程规划与治理体系也存在不足。

第三，一些高校虽然在媒体硬件设施的完善上做了很多工作，但在资源的合理化配置以及与校外有效资源的应用上却相对滞后。因此，高校有关部门要加强部门之间的协调与配合，加强资源的合理化配置与应用，出台相关政策与细致化的管理，完善培训体系。

三、高校铸魂育人的合力尚未形成

目前，校内和校外、学校和社会协同铸魂育人的合力尚未形成，具体原因如下。

由于缺乏铸魂育人的教育理念，导致高校铸魂育人目标不明确，育人职责不清晰，思想政治教育被简单认为是思想政治理论课教师的事情，辅导员、任课教师、学校党委、学校社团、学生管理部门等参与度低，思想政治教育的实践活动少，大多都是为了应付检查而进行的活动。

要想达到铸魂育人的目标和要求，就必须联合涉及高校的各个部门，除了思想政治理论课教师、辅导员之外，还包括党委、团委、宣传等部门。他们都扮演着重要的角色，缺一不可。各个部门都有自己的主管领导，职责明确、工作内容各不相同，但是由于部门之间的沟通很少、分块严重，有的部门一个学期也不打一回交道，而过多的交叉工作又会造成不必要的麻烦，甚至会产生越权的嫌疑，所以难以形成协同的合力。

学校或社会想要利用制度优势来整合德育资源进行铸魂育人是很困难的，因为目前为止还没有一个清晰完整的管理制度，目标不明确、职责不明确、思路不清晰，所以就难以达到理想的效果。另外，高校协调和沟通机制尚未完善，资源不能够充分共享，各个部门之间沟通不顺畅，难以形成有效合力。

四、传统教育载体的制约

随着全媒体时代的到来，媒介技术的迅速发展与广泛应用，越来越多的人表现出对美好生活的渴望与追求，教育载体也变得更加丰富多元，不停变化自身的形态，以满足更多人的发展需求。"理论在一个国家实现的程度，总是决定于理论满足这个国家的需要的程度。"[①]教育载体的继承创新、优化整合与理论的深层滋养、宏观指导是分不开的。学校铸魂育人的创新发展同样需要理论的支撑与供给。教育载体作为理论的"搬运工"，在不断满足时代发展需要的前提下，结合教育实践，实现自身的不断创新与发展。与此同时，传统教育载体在教育实践活动中会遇到许多的障碍与阻力，更多的问题也逐渐暴露出来，在一定程度上制约着高校铸魂育人的发展。

（一）教育工作者的思维理念缺乏创新性

教育载体的创新，不仅需要技术方面的革新与探索，更需要思维方式的转变与创新。高校教育主体只有具备正确的思维，才能促进教育载体的创新发展。思维方式是主体把握客体的理性认识方式，对人们的言行起着决定性的作用，人们的行为方式都要受到自身以观念为核心的思维方式的影响和制约。[②]一些高校之所以在传统教育载体的革新方面存在很多障碍与阻力，主要原因就是教育工作者的思维滞后，思维理念缺乏创新性。在全媒体不断发展建设的今天，更要增强网络意识，重视时代价值，转变传统思维方式，用互联网思维进行高校德育载体的创新性探索。然而，在具体实践过程中部分教育者仍然坚持以课堂为中心、教师为主体的教育理念，单纯依靠书面语言或单向灌输进行教学，在整个教学过程中占绝对主导地位，缺乏对全媒体时代高等教育环境变化与发展方向的探索，因此，也未能形成全媒体背景下的互联网思维。

（二）传统教育载体缺乏与全媒体的融合

高校铸魂育人过程中，部分学校的传统教育载体与全媒体融合性不够；

---

① 中共中央马克思恩格斯列宁斯大著作编译局. 马克思恩格斯选集（第一卷）[M]. 北京：人民出版社，1995：11.

② 路琳，程维. 互联网思维中的思想政治教育载体创新 [J] 思想政治课教学，2016（03）：12-16.

教育者在教育实践过程中，多采取"满堂灌"或"宣讲式"的教育形式，对受教育者的特点及个性化的需求缺乏一定的了解；教育双方缺乏互动交流，教育载体未能充分发挥，进而导致教育载体的有效性与针对性不足，无法满足学生多样化的精神需求，降低了铸魂育人的效果。

在高校铸魂育人的实践过程中，由于传统教育载体与全媒体的融合性不强，导致教育载体话语的感召力与亲和力不强，各载体之间区块分割的问题也较为明显。不同载体之间缺乏相互呼应与积极配合，往往处于自发、离散的状态，在一定程度上造成了高校铸魂育人整体性功能的分化，教育效果欠佳。课程载体缺乏对全媒体资源与技术的利用与共享，未能及时更新教育内容，共享学习资源，创新课程载体的授课方式，导致课程载体的影响力与吸引力降低，教育的实效性降低。教育活动载体单一，与全媒体技术结合度不高，没能有效依托全媒体打造学生喜闻乐见的线上优质品牌活动，开展各类主题教育，激发学生的积极性与主动性，吸引学生主动参与到各种活动中来，学习红色历史经典，弘扬传统优秀文化，感悟新时代德育教育理论的魅力，满足学生多样化、个性化的需求。教育工作者的管理理念落后，对管理载体的重视度不高，缺乏对全媒体技术的应用，管理平台的服务效率与质量较低，管理部门的体系不健全，线上与线下的联动机制不完善，各管理部门之间的信息资源整合与共享平台滞后，在内容的发布与信息的传达上存在一定信息不对现象，未能发挥全媒体的网络传播优势，也因此降低了信息传播的及时性与范围。

五、非主流信息的制约

习近平总书记强调："巩固马克思主义在高校意识形态的主导地位，用科学的理论培养人，用正确的思想引导人，保证高校始终成为培养社会主义事业建设者和接班人的坚强阵地。"[①]这一重要论述强调了青年成长成才过程中，高校培育青年主流价值观的重要性。而在信息技术、互联网技术迅猛发展的全媒体时代，信息的传播在某种程度上其实是一种在时间与

---

① 中共中央文献研究室. 习近平关于社会主义文化建设论述摘编 [M]. 北京：中央文献出版社，2017：55–56.

空间上无屏障的状态。在互联网上，每个人既可以是信息的发出者，也可以是信息的接收者。由于网络传播的这种交互性，使得网络上的信息良莠不齐，真假难辨。部分非主流信息给青年思想观念和道德认知带来一定的负面影响，加大了高校舆论导向建设的难度，对高校铸魂育人内容形成冲击，高校铸魂育人内容的创新在很大程度上受到制约。具体表现为以下两点。

（一）非主流信息不利于青年主流价值观的形成

全媒体的开放性、虚拟性及交互性使其信息繁杂且海量，有健康、有益的信息，也有低俗、反动的内容，如各种虚假欺骗信息、色情广告以及拜金主义、享乐主义、无政府主义、新自由主义等腐朽落后、低俗、夸大事实、过分鼓吹享乐主义、违反思想道德、颠覆主流价值观的内容，这些内容严重影响着青年主流价值观的形成与价值判断，极易出现理想信念迷失、道德意识与法律意识淡薄的现象。意识形态不仅能够起到维护社会发展与国家稳定的作用，还能够作为一种准则帮助人们在现实社会生活中作出相应的价值判断。随着网络信息技术的不断发展，全媒体的不断加强与融合，不同的文化形态、思想观念在网络上不断交流、交融、交锋，并形成一定的"网络霸权"。一些西方发达国家凭借网络信息传播的优势，极力向世界灌输他们的意识形态与思想观念，并不断渗透他们的生活方式与价值观，传播所谓的人权、民主、自由，使部分青年价值观偏离、政治方向迷失、社会责任感淡化、集体主义原则淡化。这在很大程度上削弱了主流价值观的影响力，不利于青年正确价值观的形成。

（二）非主流信息冲击了高校铸魂育人的核心内容

高校铸魂育人的内容主要有社会主义核心价值观、理想信念、爱国主义教育、文化教育、心理健康教育、道德伦理教育、法治意识教育等。习近平寄语青年："青年的价值取向决定了未来整个社会的价值取向，而青年又处在价值观形成和确立的时期，抓好这一时期的价值观养成十分重要。这就像穿衣服扣扣子一样，如果第一粒扣子扣错了，剩余的扣子都会扣错。"[①]习近平关于青年成长成才的论述，对全媒体时代高校铸魂育人内容的建设，有重要的指导作用。在全媒体时代，互联网在拓展了大学生知识学习、知

---

① 习近平. 习近平谈治国理论 [M]. 北京：外文出版社，2014：172.

识选择空间的同时，对青年的主流价值观造成了很大冲击，对高校铸魂育人的内容创新形成制约。传统的教育主要是通过理论讲述、双方谈话及报刊、广播、电视等大众媒体来进行，这些方式的一个重要特点是可控性。教师可以根据教学任务与目标选择相应的、特定的教学内容向学生讲授，促进学生形成正确的思想观念与行为，最终实现教育目标。而在全媒体时代，信息的传播途径增多，人们可以随时随地上传信息、发表看法，网络环境变得更加复杂，一些落后、腐朽的思想与文化、违反社会公德的信息等也开始大肆传播。这不利于高校铸魂育人内容的发展与创新。

第三节　全媒体时代高校铸魂育人实效问题研究的反思

目前，科学技术飞速发展，社会物质财富不断丰富，经济的全球化和世界政局的动荡等，使部分大学生产生了追求物质利益、淡化人格精神需要的倾向；受市场经济的影响，社会上存在的假冒伪劣、欺骗狡诈等诚信缺失问题，以及互联网带来的腐朽落后文化都对大学生的健康成长产生了各种冲击。在各种消极因素影响下，很多学生理想信念淡薄、文明素质下降，甚至少数学生的道德品质滑坡，如精神空虚、过分注重个人利益、强调自我、无视校纪校规、违法犯罪等。青少年的思想道德状况如何直接关系到中华民族的整体素质，关系到国家的前途和命运。思想政治教育是社会主义精神文明建设的组成部分，它肩负着一定的政治使命，对青少年的成长、对教育的实施、对社会的稳定和发展都有重要作用。思想政治教育工作的实效性是思想政治教育工作生命力的重要体现。

随着全媒体技术的发展，高校已经成为当下网络应用与发展的主阵地。大学生作为网络使用者，其自身生活状态与媒体特点紧密契合。现代媒体具有内容繁杂化、海量化、碎片化和便捷化等特点，给辨别信息真伪能力薄弱的大学生带来极大冲击与挑战。大学生随时随地浏览各种新闻、文本、视频等，来不及消化和思考判断就随意表达观点态度，随意分享、转发。同时，社会上形形色色的信息与言论借助媒体传播，对大学生的思想意识形态、主流价值观的形成都有着潜移默化的影响，从根本上突破了以课堂为中心、以校园为中心、以书本为中心的传统德育阵地，不仅改变着大学生思维模式、生活方式，还影响着他们世界观、人生观、价值观的塑造和形成。因此，在新形势下如何利用全媒体，积极应对高校铸魂育人工作面临的困难与挑战，实现教育理念、内容体系、教育方法与途径、教育机制等方面的创新，是高校思想政治教育工作者研究的重难点。

一、全媒体时代高校铸魂育人实效问题研究的主要内容

2004年2月，党中央、国务院印发了《关于进一步加强和改进未成年人思想道德建设的若干意见》，同年10月又印发了《关于进一步加强和改进大学生思想政治教育的意见》。这两份文件对改善未成年人和大学生的思想道德建设环境、内容、目标等作了明确规定，为高校铸魂育人体系建设指明了方向。2005年7月，教育部印发了《关于整体规划大中小学德育体系的意见》，对大中小学德育课程、德育活动、德育途径、德育管理机制都进行了相应的规范性指导，有力地促进了高校德育工作的开展。随着教育现代化程度的不断提高，现有的高校铸魂育人体系在教育理念、教育目标、教育内容、教育方法等环节还未能完全适应教育现代化发展的要求，因此，在全媒体时代，构建现代高校铸魂育人体系，提高高校铸魂育人实效，既是全媒体时代高校铸魂育人实效问题研究的主要内容，也是实现教育现代化的必然要求。

《国家中长期教育改革和发展规划纲要（2010—2020年）》指出，要"构建大中小学有效衔接的德育体系，创新德育形式，丰富德育内容，不断提高德育工作的吸引力和感染力，增强德育工作的针对性和实效性"[①]。这既反映了国家对德育工作的重视，也为构建现代高校铸魂育人体系指明了方向。长期以来，党和政府高度重视学校的铸魂育人工作，在1994年印发的《中共中央关于进一步加强和改进学校德育工作的若干意见》中就指出，各阶段的德育课程、教学大纲、教材、读物、教育和管理方法，学生思想

---

① 中共中央文献研究室. 十七大以来重要文献选编（中）[M]. 北京：中央文献出版社，2011：869.

品德表现的评定标准及方式等要据此加强整体衔接，防止简单重复或脱节。2001 年教育部在贯彻《公民道德建设实施纲要》的通知中指出，整体把握学校德育的科学体系，做到大中小学道德教育分层次整体衔接。在道德教育实践中，遵循青少年思想品德形成的规律，把道德教育的总体目标与大中小学不同阶段的道德教育要求紧密结合起来，防止简单重复、超前或滞后，以及相互脱节。国家对德育工作的重视，特别是对大、中、小学德育的衔接都做了明确的规定，全国各地也都做了大量研究和实践探索。

现代的高校铸魂育人体系构建是一个复杂的系统工程，需要从德育目标、内容、要素环境等各个方面全面把握，而每个子系统又是一个完整的体系。因此，在现代高校铸魂育人体系的构建中，既要考虑系统性，又要考虑其现代性，坚持以人为本，以社会主义核心价值观为指导，遵循德育规律和德育现代化的基本原则，突出德育现代性要求，强调道德能力培养，提高高校德育效果和德育现代化水平，提升为社会主义现代化建设服务的能力。

（一）德育目标：横向贯通、纵向衔接

德育目标是教育目标在德育方面的具体要求，是高校德育的出发点和归宿点。现代高校德育目标是指通过德育，使大学生在思想品德、道德素质、心理素质和法制意识等方面在一定时期内所要达到的预期结果和规格要求，实现铸魂育人。德育目标具备明显的方向性和时代性，在整个德育体系中起着决定性的作用，影响着德育内容方法手段的选择。同时，德育目标又是一个复杂完整的体系，既有总体目标又有具体目标，既包括横向目标又有纵向目标。

从横向来看，大学生个体的和谐发展，受到诸多因素的制约，需要具备必要的政治素质、思想素质、道德素质、心理素质、法治意识等。这些因素相互整合构成了现代公民的综合素质，反映了一个人的道德发展水平。在此意义上讲，政治素质目标、思想素质目标、道德素质目标、心理素质目标和法治素质目标，也就自然成为现代高校德育的目标。在学生个体发展中，上述五项具体目标相互渗透制约，不断整合为现代学校德育总目标，构成有机统一的德育目标体系。在这五项要素目标中，政治目标是根本，思想目标是导向，道德目标是核心，法治目标是保障，心理目标是基础。

从纵向来看，个体的身心发展具有顺序性和阶段性，不同年龄、不同学段的学生道德品质的形成具有不同的特点，现代学校德育也必须遵循这一规律，按照学前教育、义务教育、高中教育和高等教育由低到高的不同学段设计德育目标，结合横向指标形成不同学段的目标群，并相互衔接、分层递进。因此，构建现代高校德育目标体系，既要充分发挥总目标的导向和保证作用，又要发挥具体德育目标的选择、激励作用；既要把握横向目标要求，又要注重纵向目标特点，综合考虑、全面把握、纵横兼顾。

（二）德育内容：系统科学、继承创新

德育内容是指一定的阶级或阶层，为了实现一定社会历史条件下的德育目标，对教育对象所进行的政治、思想、道德、法制和心理等方面的教育内容，是德育目标的体现和具体化。现代高校德育目标是一个复杂有机统一的整体，同样，现代高校德育内容也应是根据现代高校德育目标要求确立的，用于教育受教育者一定的道德、行为规范和政治、思想、法纪观点及其思想体系。现代高校德育内容体系应符合以下四个方面的要求。一是系统性。这里所说的系统性又包含两层意思，德育要素的系统融合、有机统一，也就是说德育内容各要素在德育过程中要占位准确、功能明确、相辅相成，避免内容实施中的相互脱节、顾此失彼；准确把握不同教育阶段学生的身心发展特点、知识水平、接受能力、思想实际和社会发展形势的要求，确定教育内容，把握重点、区分对象，整体推进。二是科学性。指的是德育内容的选择，要以社会主义核心价值观为引导，能够正确反映时代发展趋势，符合政治、经济、文化、社会发展要求，满足学生身心发展特点和成长成才需求，被学生认同和接受，从而取得良好的教育效果。三是继承性。这是指现代德育内容体系，要充分吸收中华民族优秀传统文化。中华民族优秀的道德文化传统是我们宝贵的精神财富，是民族之魂，对现代化各项事业的发展都发挥着至关重要的作用；脱离了中华民族优秀道德传统谈德育现代化，将隔断历史血脉，成为无源之水、无本之木。四是创新性。现代高校德育内容体系是一个开放的体系，兼容并包、大胆借鉴、吸收西方文明成果，为德育现代化服务。同时，紧跟时代和社会发展步伐，与时俱进，

不断完善和丰富德育内容，推动高校德育现代化不断向前发展。

（三）德育要素：相互促进、共同发展

教育者、受教育者、教育媒介是教育的基本要素，他们之间的关系也是德育活动过程中最基本的关系。正确认识和把握三者之间的关系，实现德育要素的相互融通、和谐发展是现代学校德育体系的重要特征，对高校德育活动的开展并取得实效具有重要意义。

教师是高校德育的实施者，也是道德知识的传授者、道德行为的示范者、学生心灵的培育者和维护者、成长道路的引路人和知心朋友。学生是德育的对象，具有很强的主体性，其具体表现为独立性、选择性、调控性、创造性、自我意识性。同时，学生个体发展是有规律的，主要表现为顺序性和阶段性、稳定性和可变性、不平衡性、差异性、整体性。教育媒介是教育者与受教育者之间互动的纽带，它承载着传递德育内容、完成德育目标的使命。教育媒介的选择对实现德育目标、完成德育任务具有重要意义。德育的媒介主要包括德育管理、德育教学、德育方法、实践活动、大众传媒、网络媒体等。

在教育现代化背景下，高校德育活动基本要素要实现相互融通，和谐发展，也就是说在德育实践活动中实现两个目的：一是学生对教师所传授道德知识和观念内化，使社会要求转化为个人意识，并外化自己的行为，形成良好的道德习惯和道德品质，完成德育目标；二是教师通过对学生的思想道德及其变化规律的认识和掌握，提升自己的认识，不断改进工作方法和教育方法。二者共同推动教育媒介的发展和完善，实现教学相长、良性互动。

（四）德育工作：先进灵活、务实高效

这里所说的德育工作指的是德育工作体系，是人们在德育实践过程中为实现德育目标所采用的德育理念、德育方法、德育途径、管理制度等要素所组成的有机整体，是德育内容转化为德育个体道德品质的媒介和载体，是德育目标实现的保证，在整个德育体系中起着十分重要的作用。因此，在教育现代化进程中，高校德育工作体系的现代化既是高校德育现代化的重要组成部分，又是高校德育现代化的重要特征。现代高校德育工作体系应具备四个方面的主要特征。一是先进性。具体体现在德育理念的先进性、

德育方法手段的先进性。德育理念的先进性也就是树立现代学校德育理念，坚持德育为先，把德育放在学校教育的首要位置，坚持以人为本，把促进学生的全面发展作为高校德育的根本宗旨，把创新精神和实践能力培养作为学校德育工作的重要责任。德育方法先进性主要体现在物质条件和现代化技术手段的应用上。二是灵活性。表现为德育方法、德育途径的灵活性。现代高校德育要根据不同的目标、内容、教育对象的特征，采用灵活多样的德育方法，让学生认同、接受，增强德育的主动性。三是务实性。学校德育是实践性很强的教育活动，不仅仅是德育知识的传授，更重要的是把德育内容转化为学生良好的道德品质。现代高校德育工作体系构建，必须突出其实践性特点，实现德育的社会化、生活化，增强学校德育的吸引力，以更加务实的态度，把高校德育与社会发展、与学生发展有机对接，防止高校德育与社会、学生的脱节，变成空洞说教。四是实效性。德育工作体系与其他体系最大的区别就是其所有选择是以德育效果为目标的。目标、内容确定以后，效果的好坏就取决于德育工作体系。所以，现代高校德育工作体系的构建，应以德育效果为聚焦点，科学构建内部要素环节，形成一个协调一致、相互渗透、相互促进的有机统一整体，为德育目标的实现提供坚强的保证。

（五）德育环境：统筹协调、形成合力

德育环境是指学校德育活动以及学生思想品德形成和发展产生影响的外部环境的总和。它是一个广泛而复杂的动态性体系，是不同层次、不同类型的环境因素相互联系构成的立体、多维的系统。现代高校德育环境有多个层面，既有自然环境又有社会环境，既有物质环境又有精神环境，既有现实环境又有虚拟环境，既有宏观环境又有微观环境，既有外部环境又有内部环境。其对高校德育效果的影响也是复杂多样的，既有积极的又有消极的，既有直接的又有间接的，既有显性的又有隐性的。构建现代高校德育体系，必须充分认识到德育环境的广泛性和复杂性，根据其对高校德育影响的大小、性质、地位等，全面优化，激发环境育人的正能量，减少负效应。同时，不同的环境对学生道德品质的影响不是孤立存在的，而是共同影响、相互渗透的。因此，在教育现代化中进程中，实现高校德育现代化，必须正确处理好学校教育、家庭教育、社会教育的关系，形成全社会共同关心大学生健康成长的合力。

二、全媒体时代提升高校铸魂育人实效策略的再思考

马克思、恩格斯指出："任何一种革命和革命的结果，都是由这些关系决定的，是由需要决定的，……"[①] 可以说，全媒体时代使高校德育的外部环境和主体需求都发生了变化，需求变化所带来的危机倒逼高校德育必须发展与创新。创新是人类社会不断发展进步的动力源泉，高校德育创新也是德育实践保持活力和实效性的关键所在。通过高校德育实现铸魂育人是一项系统的工程，德育实践体系的每个环节都要遵守教育的一般规律，才能充分发挥德育的功能，保证德育的效果。因此，全媒体时代高校德育的创新既要遵循学校教育的一般规律，又要符合全媒体的时代特征，明确总体目标，坚持基本原则，厘清思路设计，全面把握好德育内容、途径、方法、过程等各个方面的创新，方能切实促进高校德育的发展。

（一）总体目标

要明确创新的目标，首先要弄清创新的含义和特征。创新是指以现有的思维模式提出有别于常规或常人思路的见解为导向，利用现有的知识和物质，在特定的环境中，本着理想化需要或为满足社会需求，而改进或创造新的事物、方法、元素、路径、环境，并能获得一定有益效果的行为。具体讲，创新是指人们为了一定的目的，遵循事物发展的规律，调动已知信息、已有的知识，开展创新思维，对事物的整体或其中的某些部分进行变革，产生出某种新颖、独特、有社会价值的新概念、新设想、新理论、新技术、新工艺、新产品等新成果的智力活动过程。[②] 创新的特征在于它的目的性、超前性和独创性：所有的创新活动都带有明确的目的性，这一特性贯穿于创新过程的始终，旨在明确创新实践活动所要攻克的难题，带有目的性的创新才是有价值的；创新活动一定是超前性的，人们根据所处的

① 中共中央马克思恩格斯列宁斯大林著作编译局. 马克思恩格斯全集（第三卷）[M]. 北京：人民出版社，1960：439.

② 曹莲霞. 创新思维与创新技法新编 [M]. 北京：中国经济出版社，2010：3.

环境提前预计到未来将发生的改变和挑战，对现有的状态进行改革和创新，争取主动的做法便构成了创新；创新也具有独创性的特点，它不是简单的再造或者模仿，而是对以往的不合理或者不先进事务的扬弃，人们独立思考和革新的研究成果体现了创新的新颖独特性。

创新的目的性决定了创新的价值所在，而创新的超前性和独特性又决定了创新必须是根据当前的具体情况策划和组织发展过程的流程再造。高校铸魂育人的创新发展已经变得迫在眉睫，结合全媒体时代高校铸魂育人面临的机遇和冲突与困境，找到创新的新方法和新规律，从而解决实践中的新问题，才是高校德育创新的目标所在。因此，高校德育创新的总体目标是：充分把握全媒体时代的高校德育实践过程中面临的新形势和新问题，遵循高校德育工作的基本规律，结合新一代互联网信息技术最前沿的科技成果，以学生成长成才的实际需求为导向，推进全媒体与高校德育的深入融合，建立高校德育创新发展的方法体系和实践模型，为高校德育工作的科学化发展提供理论依据和技术支撑。

（二）基本策略

方法策略是任何事物所不能抗拒的、最高的、无限的力量。策略是指根据形势发展而制定的行动方针和方式方法，是人们在带有目的性的活动中，采用的有特定逻辑关系的动作所形成的集合整体。围绕全媒体时代高校铸魂育人的总体目标，结合高校铸魂育人的现实状况，高校实现铸魂育人的基本策略包括以下三个方面。

首先，要以互联网意识的培养为基础。全媒体时代的到来已经逐步改变了当今社会的生产方式、贸易方式、生活方式、社交方式等。社会的各个阶层和群体的接受能力和思维方式的水平差异，受到互联网影响的程度不尽相同。高校铸魂育人必须着力培养高校整体的互联网意识，提升高校德育工作重视互联网、了解互联网、运用互联网的意识。只有提前掌握了互联网的原理和运用互联网解决问题的能力，才能在全媒体时代全面到来时的各项工作中游刃有余，各项事业方能立于不败之地。

德育主体在德育过程中发挥着极其重要的作用，德育主体的素养直接影响着德育实践的效果。因此，高校铸魂育人应以德育主体素养的提升为关键。在我国，关于教育主体的问题有"单一主体论""双主体论""主体转化"等不同的论述。"单一主体论"认为教师或者学生中的一方是主体，"双主体论"认为教师和学生都是主体，"主体转化"则认为教师开始是主体，随后学生变成主体。本书关于德育主体的相关讨论，是倾向于建立在"双主体论"基础上的，但又不能忽视德育过程中主体的相互转换。当前"互联网＋"已经充斥着我们生活的方方面面，并深刻地改变着社会的生活、学习和交流方式，创新从来都不是一个新的概念，它是由社会发展而引起的必然行动，高校铸魂育人的实践创新是全媒体时代的必然要求。德育主体素养一般包括道德素养、专业素养和能力素养。处于全媒体时代的高校德育主体在思维和能力上都必须紧跟社会发展的脚步，不断提升自身综合素养，使高校德育工作符合时代的要求，从而彰显德育实践的成果。所以，德育主体素养的提升是高校德育实践创新的关键，具体应从互联网思维的塑造、创新能力的培养着手。

其次，要着重发挥互联网信息技术的优势。全媒体时代的到来之所以迅速改变着社会，在于新一代互联网信息技术确实表现出颠覆以往的面貌。新媒体给人们的衣食住行都带来前所未有的影响，尤其是对作为社会中知识层次和思维活跃度最高的群体的青年大学生而言。学生不仅对互联网兴趣很高，而且他们的学习、生活、社交越来越离不开互联网信息技术。老师的教学工作、个人生活同样也离不开互联网。可以说，互联网成了社会关系的一个极其重要的桥梁和纽带。高校铸魂育人实践只有充分利用好互联网信息技术的优势，用全媒体时代学生喜欢的媒介和方式，解决全媒体时代学生共有的问题，那么一切问题都会迎刃而解，这也正是高校德育创新的新手段和新智慧的体现。

互联网新一代的核心技术成果是基于全媒体背景下的高校铸魂育人有效路径研究的切入点，准确把握和利用好新兴的互联网技术的特性，结合高校德育实践的具体特点和需求，使互联网新一代的核心技术成果在高校德育实践中成功落地，是高校铸魂育人有效路径研究重点要解决的课题。以互联网技术驱动来优化高校德育实践应该从三个方面入手，即德育资源的优化、德育关系的重构、德育实效的提升。

最后，要以建立德育实践模型为重点。全媒体时代的到来给学校生活和社会关系带来了深刻的影响，不论学校地域和学校层次的差别，还是学生性别、年龄和层次的差别，受到互联网的影响程度基本相同，全媒体时代各高校德育实践遇到的具体问题也大致相同。在这种具有较高相似度的环境下，构建德育实践模型对解决高校德育实践过程中的普遍问题显得尤为重要。全媒体时代的信息技术也是具有科学性、稳定性和严密性的特征，利用这些科学技术结合当前人们共有的生活习性，以理论框架的研究为支撑，重点研究建立德育实践创新的模型，对广泛提高高校德育实践工作的科学化水平有着极为重要的意义。

模型构建是高校铸魂育人有效路径研究的重要指标。高校德育工作本身就是一项十分注重实践的工作，铸魂育人有效路径研究旨在通过对包括德育环境、德育主体、德育途径、德育手段等在内的德育过程的分析和研究，建立一套具有科学化、标准化、代表性、可复制的德育工作模式，切实提高铸魂育人的实效性。模型构建的过程具有极强的目的性，是把握研究对象主要特征的一种简化描述，通过概括性、结构化的表达来形成人们思考和解决问题的基本模式。在这一点上，正好切合了德育以学生需求为导向的特点。因此，当前高校德育实践的模型构建是基于全媒体背景下社会所期待的德育模式尝试，模型的构建不仅要以德育的过程需要和学生的现实需求为导向，克服德育过程中存在的现实问题，解决学生学习、生活中的具体困难。同时，还是对社会各界期待"全媒体教育"的一种现实回应，是顺应社会生产力发展和生产关系变革的实践创新。

第五章 以铸魂育人为引领筑牢教育内容

高校通过思想政治教育实现铸魂育人，教育内容"既应以思想政治教育的目的和任务为客观依据，又要以受教育者的思想品德状况为现实依据"①。精准供给教育内容，要从大学生的现实需求出发，同时结合社会需要，实现供需精准对接。因此，本章围绕全媒体时代高校铸魂育人的实效问题，遵循以铸魂育人思想为引领创新高校思想政治教育内容的基本原则，筑牢大学生马克思主义信仰，使其坚定中国特色社会主义信念，增强文化自信，从而实现铸魂育人的目标。

第一节 以铸魂育人为引领创新高校思想政治教育

内容的基本原则

全媒体时代高校铸魂育人的教育内容应做到因时而进、因事而化、因势而新。

一、因时而进：教育内容的时代性

因时而进的"时"既可以指时机，也可以是时代。因时而进就是要善于抓住时机和紧跟时代发展，及时更新教育内容，促使高校思想政治教育精准到位。因时而进强调的是教育内容的时代性。

首先，要抓住时机，工作精准到位。思想政治教育时机是指受教育者

---

① 张耀灿，徐志远. 现代思想政治教育学科论 [M]. 武汉：湖北人民出版社，2003：141.

由于自身受到了某种诱因（自发的或者外部带来的），迫切需要思想政治教育的时刻。这一时刻蕴含着受教育者的思想和行为可能会发生转变的条件。这里所说的时机是思想政治教育的最佳时机，具有短暂性的特点，机不可失，时不再来，因此，要善于捕捉时机、积极创设时机、抓住机会运用时机。一方面，要积极对大学生的需要和诉求作出回应，及时察觉学生思想和心理的变化，抓住时机及时作出回应。另一方面，捕捉学生接受特点，注重将理论问题落实细化到学生学习生活中去，贴近学生开展各类中国梦教育实践活动，引导大学生将个人需要与社会需要相结合。

其次，要紧跟时代，及时更新教育内容。习近平指出："国内外形势、党和国家工作任务发展变化较快，思政课教学内容要跟上时代，……"[①]教育内容是顺应时代要求、不断更新和发展的。大学生处于新时代的特殊背景下，成长为时代新人是其关键需要，这一需要是大学生个人需要和社会需要的结合体。因此，在教育内容的设定上要突出如何成长为时代新人的内容。第一，以"有理想"为基点的精神教育内容。理想信念是新时代大学生最迫切的需要，不论是自身需求层次的提升还是自身的全面发展，都离不开理想信念。要着重加强理想信念教育，鼓励学生立志做大事。新时代的大学生要与时代发展一致，树立共同理想，在中国梦的实践中完善自己。第二，以"有本领"为中心的能力培养内容。能力的培养既需要专业理论知识的学习，也需要实践活动的锻炼。大学生综合素质的提升，离不开相应的教育内容，如通过加强劳动教育提升大学生的身体素质和劳动素质。第三，以"有担当"为核心的品格养成内容。要选取培养大学生责任意识，和担当意识的教育内容，培养大学生将时代责任与个人梦想结合起来，用中国梦激扬青春梦，在实践中强化担当意识脚踏实地做好本职工作。

二、因事而化：教育内容的现实性

因事而化的"事"是指事情，"化"是指转化。因事而化有两个方面的意思：一是针对每个学生不同的情况供应有针对性的内容，二是充分利用现实中的事例开展教育。这里选取的"事"是现实中发生的具有重要意

---

① 习近平. 论党的宣传思想工作 [M]. 北京：中央文献出版社，2020：378.

义的，而且是大学生感兴趣的，或者是大学生困惑的事情。因事而化强调的是教育内容的现实性。

首先，要仔细甄别"事"的选择。第一，要联系当下热点问题。在信息化时代，热点问题层出不穷，为思想政治教育提供了丰富的素材。结合当下的热点问题，可以增加教育内容的现实性和趣味性，培养学生关注现实社会的意识。第二，选择大学生特别关注的事情。不同地区、不同专业，他们所关注的事情和思想上的困惑也是不同的。大一学生关注的是如何更好地适应大学生活，那么可以讲述一些学习方法，并且鼓励他们立志，做到立志做大事，并且立志需躬行。新时代的大学生务实性较强，或是渴望继续升学或是毕业之后找到称心如意的工作，那么在教育内容的选择上，可以选取有关就业创业、青年职业选择、学术研究的内容。第三，选取有关党史中的典型事件进行教育活动。比如，在新民主主义革命过程中发生的鲜活精彩的革命故事、涌现的杰出人物等都是教学的鲜活素材。近代以来，无数革命先辈为了革命而奋斗、奉献甚至牺牲，他们的故事传说和先进事迹，在今天仍具有震撼力和影响力。革命先烈们用自身经历为新时代大学生提供生动的教材。再如，艰苦奋斗精神是革命文化的一个重要部分，对于当今大学生自身成长发展来说既是良好的示范，也是学习的榜样。

其次，要做到"事"与"理"相结合。第一，要分析事例背后的理论建构。这就要求教师要做到将"理"和"例"相结合，既要告诉学生是什么，又要讲清楚为什么，更要告诉学生怎么做。比如，可以讲述抗疫过程中的抗疫故事和抗疫人物，讲好抗疫故事。自新冠肺炎疫情发生以来，全国共同抗疫，其中的事迹为思想政治教育提供了大量的、鲜活的教育素材。大学生也迫切希望得到思政课的回应，得到情感上的共鸣。因此，思想政治教育工作者应该以抗疫事实为依据，在宏观上讲述国家为世界抗疫作出的贡献，升华到国家认同和制度自信；在微观上讲述抗疫中先进人物的事迹，如以钟南山为代表的医护人员、驰援武汉的志愿者、各地社区工作者等，升华到个人责任担当和爱国情怀。用这些生动的事例把大学生需要的、疑惑的问题讲明白，在回应社会现实的基础上，升华到教育价值上，更好地促进教育效果。第二，要将教育内容落到实处。在讲述事例时，还要扣牢学生的思想和专业，同时采取恰当的方式方法。要注重事例选择的有用性，是真正为大学生所需的，还要体现问题意识，同时激励大学生对思想政治教育产生更大的需求。

三、因势而新：教育内容的创新性

因势而新的"势"是指优势或者趋势，"新"是指创新。因势而新就是强调教育内容的创新性，根据现有的优势和未来的趋势选择教育内容。当前，因势而新就是既要适应国际国内两个大局，又要适应网络思想政治教育新常态。习近平指出："教育引导青年正确认识世界，全面了解国情，把握时代大势。"[①]

首先，教育内容要体现国际形势和国内趋势。教育内容要紧扣党和国家的指导思想，当前最主要的是进行习近平新时代中国特色社会主义思想教育。新时代大学生表现出对于国内外时政的热切关注，要利用这种关注，培养他们的积极心态，引导他们关注国家和社会发展。大学生是新时代社会发展的重要力量，肩负着民族复兴大任，只有在对国情有深刻了解的基础上才能准确把握历史所赋予的使命。因此，要加强对新时代大学生的国情教育，着重培养大学生的大局意识和全局意识，在国际视野中开拓大学生的眼界，使学生在世界发展的潮流中坚守底线、坚持自我。国情教育的内容有利于帮助大学生更好地认识当前国际国内形势，从而增强广大青年学生的民族自尊心与自信心，激发学生的民族忧患意识，从而培养大学生艰苦奋斗、勇于拼搏的精神。

其次，教育内容要体现大学生学习生活的新态势。要从实际出发，将"大势"转化为思想政治教育的理论来源。第一，应深入挖掘网络命题中所蕴含的教育资源，转化为教育供给的内容和素材。新时代大学生很早就接触网络，不管是学习方式还是娱乐活动都依赖于互联网。"碎片化"的学习方式容易使大学生过度依赖网络。大学生在自律意识不够强的情况下，容易沉溺于网络，受到不良信息的影响。因此，要借助网络思政的发展趋势，积极主动回应大学生在网络学习中遇到的思想困惑，帮助他们抵御不良信息的影响。第二，创新要做到有守有为，不能为了提高关注度和点击率，

---

① 习近平. 习近平谈治国理政（第三卷）[M]. 北京：外文出版社，2020：293.

迎合需求而失了内涵。创新绝不能是脱离实际的创新，要让大学生在"两个一百年"奋斗进程的"大势"中实现自身价值。

第二节　以铸魂育人为引领创新高校
思想政治教育的内容

一、铸魂育人的主要目标

信仰、价值与精神既是主流意识形态教育的核心三要素，也是高校铸魂育人之"魂"的主要目标。

新时代铸魂育人，就是铸造人的科学信仰、价值观念和精神世界，将其内化为人们的行动指导，外化为人们的行为准则，表现为人们在思想和行为上的转化。铸魂育人的最终目标是解决人的精神归属问题，思想体系中要蕴含强大的精神支柱和思想力量。笔者将信仰、价值和精神三个方面作为铸魂育人思想的主要目标，具体阐述如下。

（一）铸马克思主义信仰之魂

铸魂育人中"魂"的核心目标是马克思主义科学信仰。离开这个核心，铸魂育人就会失去本质和方向，教育内容会显得冗杂空洞。马克思主义信仰不仅包括人们对马克思主义的信仰，还包括共产主义远大理想和对社会主义的信仰。

首先，坚定马克思主义信仰教育。习近平多次强调加强政治理论学习、坚定马克思主义信仰教育的重要性。马克思主义是为适应无产阶级和人类解放的需要而创立的科学理论体系。五四运动前后，由于受新文化运动的影响，马克思主义来到中国，1921 年中国共产党成立，马克思主义被确立为党的指导思想。此后，中国共产党不断开创理论新境界，带领人民取得了新民主主义革命的胜利、成立了中华人民共和国、确立了社会主义制度；之后把中国国情和马克思主义结合，取得了中国特色社会主义的伟大胜利。从中国共产党的成立、中华人民共和国成立和中国特色社会主义的胜利看，都是在马克思主义的指导下使中国由衰落迈向强大的过程。马克思主义为党和国家的发展指明了方向，要认真学习马克思主义理论。"学"是基本前提，"用"才是最终目的，理论只有运用到社会生活中才能发挥其理论价值，因此，坚定马克思主义信仰教育就是要善于用马克思主义的观点、方法论去分析和解决现实问题。其次，坚定共产主义信仰教育。习近平指出："共产主义远大理想和中国特色社会主义共同理想，是中国共产党人的精神支柱和政治灵魂，也是保持党的团结统一的思想基础。"① 最后，坚定社会主义信仰教育。习近平总书记提出了实现中华民族伟大复兴中国梦和"四个自信"理论。中国梦不仅是党中央带领全国各族人民共同奋斗的目标，更是一种价值追求。中国梦不是简单的重造历史辉煌，更是一个全面系统的宏伟工程。实现中国梦需要增加人民群众对社会主义信念的认同，增强民族自信心和激情。从历史和现实角度出发，"四个自信"回答了中国只能依靠自己、走自己的道路的原因，增加了中华民族的魄力和胆识，强化了民族自信心。

（二）铸社会主义核心价值之魂

习近平总书记十分重视社会主义核心价值体系建设，并把其作为凝魂聚气的铸魂工程，"成为全体人民的共同价值追求，成为我们生而为中国人的独特精神支柱，成为百姓日用而不觉的行为准则"②，使其融入社会生活成为人们的价值选择，是实现铸魂育人的价值基础，在铸魂工程中发挥统筹作用。党的十八大提出了社会主义核心价值观的基本内容；十九大报告进一步阐述了其丰富内涵和实践要求，作出许多新的重大部署，充分反映了我们党在价值理念和实践上达到新的高度。如何把社会主义核心价值观融入铸魂育人思想中是当前高校亟须解决的问题。在理想信念缺失、世界思想文化激烈碰撞的背景下，重建自己的精神家园与教育机制的紧迫性愈发凸显，在文化冲击中保持自身民族精神独立性的需要就显得尤为紧迫。用社会主义核心价值观铸魂育人，引领学生自觉地投入社会实践，弘扬与践行社会主义核心价值观，是高校铸魂育人的行动诉求。

---

① 习近平. 论坚持党对一切工作的领导 [M]. 北京：中央文献出版社，2019：198.

② 习近平. 在文艺工作座谈会上的讲话（2014 年 10 月 15 日）[M]. 北京：人民出版社，2015：23.

（三）铸中国精神之魂

精神层面上，用中国精神铸就精神之魂。中国精神是中华民族共有的文化标识与精神家园，把中国精神融入铸魂育人的过程中，是其必然选择。用改革创新的时代精神和爱国主义的民族精神来培育新人，力促在铸魂育人中能不断激发学生对民族与国家的高度认同，为实现中国梦而砥砺前行。

培育弘扬中国精神，与时俱进，凝心聚力，振奋中国特色社会主义的"精、气、神"，是实现中国梦的目标追求。毛泽东同志提出了革命精神的概念："人是要有一点精神的，无产阶级的革命精神就是由这里头出来的。"①邓小平认为："所谓精神文明，不但是指教育、科学、文化（这是完全必要的），而且指共产主义的思想、理想、信念、道德、纪律，革命的立场和原则，人与人之间的同志式关系，等等。"②江泽民对中国精神内涵作了界定："在五千多年的发展中，中华民族形成了以爱国主义为核心的团结统一、爱好和平、勤劳勇敢、自强不息的伟大民族精神。"③胡锦涛提出了社会主义核心价值体系，明确社会主义先进文化要建立以改革创新为核心的时代精神和以爱国主义为核心的民族精神。但上述论断都没有明确使用"中国精神"概念，直至党的十八大以后才提出这一概念。第一次是第十二届全国人民代表大会第一次会议的讲话提出"中国精神"概念，把中国精神与中华民族伟大复兴中国梦联系起来。第二次是习近平总书记在第十三届全国人民代表大会第一次会议上指出，民族精神在中国发展和人类进步中起着精神动力的作用；紧接着，提出中国人民是具有伟大创造精神、伟大奋斗精神、伟大团结精神和伟大梦想精神的人民的论断，凝练出新时代中华民族精神的内涵。在这次讲话中，虽然重点在于对中华民族精神的凝练和升华，但其中体现了时代精神的内在要求，也是对新时代中国精神的最新阐释。中国精神的本质是以爱国主义为核心的民族情结，是推动中国历经五千年风雨而巍然屹立的精神支柱。中国精神以爱国主义为核心、以团结统一为基石。"吾貌虽瘦，天下必肥"（北宋·司马光《资治通鉴·唐纪二十九》）的政治抱负、"位卑未敢忘忧国，事定犹须待阖棺"（南

①　中共中央文献研究室编. 毛泽东文集（第七卷）[M]. 北京：人民出版社，1999：162.

②　邓小平. 邓小平文选（第二卷）[M]. 北京：人民出版社，1994：367.

③　江泽民. 江泽民文选（第三卷）[M]. 北京：人民出版社，2006：559.

宋·陆游《病起书怀》）的报国情怀，"淫慢则不能励精，险躁则不能治性"（三国·诸葛亮《诫子书》）的浩然正气，"风檐展书读，古道照颜色"（南宋·文天祥《正气歌》）的献身精神，等等，构成了中国精神的文化内容。中国精神的时代特征是以改革创新为核心的时代精神。时代精神是一个国家和民族在面临重大战略抉择时所彰显出的风貌品格，因此中国精神的时代特征是把蕴含有中国品格、中国气概、中国理想、中国气节和中国抱负等民族文化内涵与中国特色社会主义建设实践相结合，形成的新观念与精神风貌。改革创新精神是中国精神的时代元素。习近平在庆祝改革开放 40 周年大会上的讲话中指出，改革创新精神已然成为中华民族新时代的精神地标。可见，深厚的时代意蕴已成为激励中华儿女为实现中华民族伟大复兴中国梦的强大精神动力。

总之，构建以信仰、价值和精神为一体的思想是当代中国铸魂育人的总目标，是贯穿到高校铸魂育人的核心任务。

二、加强铸魂育人理论教育

（一）铸牢科学信仰

铸魂育人要通过马克思主义理论教育铸牢科学信仰。一是要巩固主阵地，坚持党性。马克思主义理论教育的主阵地范围广泛，不仅包括高校和党校，还包括干部学院和理论研究学习小组等，都是对学生和党员干部进行科学信仰教育的主要渠道，是对社会成员进行铸魂育人理论教育的辐射中心。为此，必须把马克思主义作为专业学习的必修课程，坚守党性原则，坚定理想信念，坚持正确的政治方向，接受科学的信仰信念教育，把高校建设成为学习和宣传马克思主义的坚固阵地。二是研读经典著作，掌握看家本领。经典著作是学习马克思主义基本原理的"入门"。马克思主义经典著作蕴含丰富的真理思想，体现着经典作家不懈追求的精神。铸造科学信仰之魂就是要反复、深入地学习马克思主义经典著作，提高政治理论水平，致力于把马克思主义作为自己的看家本领。三是推动中国特色社会主义理论进教材进课堂、进头脑，凝心聚力共铸科学信仰。中国特色社会主义理论体系是坚持和发展中国特色社会主义的行动指南，要坚持用这一科学理论体系武装全党和各族人民、铸造马克思主义科学信仰之魂。深入开展中国特色社会主义理论，特别是习近平新时代中国特色社会主义思想的学习活动，使其融入课堂和头脑，最终形成进政治认同，不断激发社会成员投身中国特色社会主义伟大事业的热情，凝魂聚气共筑中国梦。

（二）铸塑价值共识

习近平总书记在中共中央政治局第十三次集体学习时提出了社会主义核心价值观铸魂育人的经典论断："使核心价值观的影响像空气一样无所不在、无时不有。"①铸魂育人思想应如空气一样，存在于人们生活的各个角落，渗透在每一个细小的地方，潜移默化地作用于人们的思想。

社会主义核心价值观的核心功能是铸塑价值共识。正如习近平总书记所说："我们要从巩固全党全国各族人民团结奋斗的共同思想基础、巩固党的执政地位的战略高度，持续加强社会主义核心价值体系建设，把培育和弘扬社会主义核心价值观作为凝魂聚气、强基固本的基础工程，作为一项根本任务，切实抓紧抓好。"②

首先是把人生的第一颗扣子扣好。习近平总书记在北京大学师生座谈会上提出：培养青年价值观"就像穿衣服扣扣子一样，如果第一粒扣子扣错了，剩余的扣子都会扣错"③，应当把社会主义核心价值观当作指导自身行动的原则。用社会主义核心价值观进行铸魂育人，就是要遵循铸魂育人的基本规律，自觉培育和践行社会主义核心价值观，铸塑价值共识，使之内化于心、铭记在脑里、外化于行动。

其次是使核心价值观像空气一样无时无刻地影响着我们。要铸塑价值共识，在于要把社会主义核心价值观渗透到生活的每一个角落，这对社会和高校提出了更高的要求。要把社会主义核心价值观深入社会生活的每个角落，充分利用各种重大纪念活动铸塑核心价值观，形成铸魂育人氛围，把社会主义核心价值观融入社会生活的方方面面。

最后是把社会主义核心价值观内容变得亲民化、具体化和形象化。全

① 习近平. 习近平谈治国理政 [M]. 北京：外文出版社，2014：165.

② 中共中央文献研究室. 习近平关于社会主义文化建设论述摘编 [M]. 北京：中央文献出版社，2017：107.

③ 习近平. 习近平谈治国理政 [M]. 北京：外文出版社，2014：172.

部人类活动的本质都是指向实践的。社会主义核心价值观要想发挥铸魂育人的作用，必须要在生活中铸"魂"，要把它融入生活，让全体人民直观感受，使之成为人们日常工作生活的行为准则。要把社会主义核心价值观的内容变得亲民化，切实贴近生活实际、贴近群众，在铸魂育人的时代问题中具体化，在铸魂育人的长效机制中日常化，在铸魂育人的话语转换、语言通俗中形象化，在与人民群众社会生活的融合中内化为价值共识。

（三）铸就精神家园

信仰和价值最终转化为精神力量，新时代铸就精神家园就是要用以爱国主义为核心的民族精神和以改革创新为核心的时代精神铸魂育人。一方面，要用中华优秀传统文化铸魂育人。习近平指出："中华优秀传统文化已经成为中华民族的基因，根植在中国人内心，潜移默化影响着中国人的思想方式和行为方式。"[①]中华优秀传统文化蕴含着丰富的思想养分和精神力量，将其转化为当代中国人的精神力量，形成能具有国际竞争力的文化软实力，用来铸就当代中国人的精神家园符合时代发展的要求。另一方面，要培育以改革创新为核心的时代精神，为铸魂育人理论提供不竭的。习近平指出："创新是民族进步的灵魂，是一个国家兴旺发达的不竭源泉，也是中华民族最深沉的民族禀赋，正所谓'苟日新，日日新，又日新'。"[②]坚持中国特色社会主义的发展、实现"两个一百年"的奋斗目标和中华民族伟大复兴的中国梦需要全国各族人民提供源源不断的精神动力。要培养具有改革创新的"图腾"精神，特别是在高校铸魂育人过程中，要结合新时代大学生的思想特点，打造高校大学生的精神家园，弘扬中华优秀传统文化。

三、创新全媒体时代高校铸魂育人的教育内容

前文提到，在全媒体时代高校铸魂育人教育内容的供给上要做到因时而进、因事而化、因势而新，因此，在加强铸魂育人理论教育的同时，要与时俱进地创新教育内容，将改革开放精神、抗疫精神和中国梦教育融入

---

① 习近平. 习近平谈治国理政 [M]. 北京：外文出版社，2014：170.

② 习近平. 习近平谈治国理政 [M]. 北京：外文出版社，2014：51.

大学生思想政治教育中，丰富铸魂育人内容，提高铸魂育人实效。

（一）改革开放精神是新时代思想政治教育的鲜活资源

1. 改革开放精神是中国精神谱系新的重要组成部分

中华民族自古以来就有着对精神的追求和崇尚。新时代，中国人民继续在中国精神的指引下为实现伟大复兴的中国梦不懈奋斗。中国精神是以"爱国主义为核心的民族精神和以改革创新为核心的时代精神。"这种精神是凝心聚力的兴国之魂、强国之魄。"① 改革开放精神不仅蕴含着对传统精神的继承和创新，也体现着对时代精神的价值追求，是中国精神新的重要组成部分。古代中国人民在生产实践活动中处处体现了奋斗精神和包容精神，并将其作为教育子女的重要内容和兴家立国之基。改革开放以来铸就的改革开放精神所蕴藏的梦想精神和共享精神，鲜明地体现了中国人民上下求索、合作共赢的精神风貌。改革开放精神还包含解放思想、实事求是的求真精神和敢破敢立、大胆求变的创新精神，鼓励人们大胆畅想、积极创新、积极创造，显现了中国精神的时代内涵和现实追求，是对中国精神在新时期的时代性诠释。

中国精神教育对大学生品格锤炼、意志磨砺等方面起着关键作用，是思想政治教育的重要内容，在思想政治教育中具有举足轻重的地位。思想政治教育既是一种理论的教育也是一种精神的教育。精神教育对于启迪心灵、塑造人格、培养爱国情怀具有积极意义。精神教育在思想政治教育中所具有的重要地位，既是思想政治教育的内在要求决定的，又是中国精神本身所具有的价值需求决定的。"思想政治工作是我们党的优良传统和政治优势，是精神文明建设一项基础性工作和搞好两个文明建设的基本保证，在新形势下只能加强，不能削弱。"② 思想政治教育要搞好精神文明建设，应积极弘扬改革开放精神，实现对民族精神的传承和对时代精神的发扬，促使中国精神融入大学生的精神血脉。一方面，改革开放精神作为中国精神宝库中的精神财富，作为中国精神谱系新的重要组成部分，将其融入思

① 习近平. 习近平谈治国理政 [M]. 北京：外文出版社，2014：40.

② 中共中央文献研究室编. 十四大以来重要文献选编（下）[M]. 北京：人民出版社，1999：2066.

想政治教育，是课堂教学与社会发展相衔接的体现，也是思想政治教育科学性和时代性的体现，有利于增强思想政治教育的渗透性和实效性。另一方面，中国精神要传承、接续，将其发扬下去，需要发挥思想政治教育的育人功能，也需要思想政治教育工作者明道、信道，遵循思想政治教育过程的规律，积极挖掘改革开放精神培养人、塑造人的功能，讲出改革开放精神的精髓要义，讲出民族自豪感和时代鲜活感。

2. 改革开放精神是具有实践伟力的思想政治教育资源

改革开放精神是在改革开放的实践中孕育并形成的，是对改革开放四十余年发展过程中所形成的历史经验的概括和升华，是经过历史和实践检验的宝贵精神财富。社会生活的本质是实践，成果的取得、梦想的实现都是在实践中完成的。改革开放四十余年的伟大成就是党带领全国各族人民解放思想、实事求是、开拓创新、真抓实干的实践成果。习近平强调："伟大梦想不是等得来、喊得来的，而是拼出来、干出来的。"①改革开放实践中铸就的改革开放精神激励中国人民撸起袖子加油干，勉励中国人民与时间赛跑：深圳从默默无闻的小渔村发展为今天活力四射的大都市，陆家嘴从滩涂到世界金融中心，河西从荒芜河滩到国际化都市，都是中国人民在党的带领下不懈奋斗、上下求索、勇攀高峰的生动体现。贫困县的"摘帽"，贫困人口脱贫，人民生活由温饱到充实富裕，以及如今的交通便利、生活便捷、环境宜居，不仅得益于改革开放和党的正确领导，更是人民群众在实践中发扬脚踏实地的奋斗精神得来的。

思想政治教育是一项实践性很强的教育活动，是以实践为导向培养人和塑造人，是为了培养社会主义合格建设者和可靠接班人。新时代的大学生需要既懂理论知识又能将自己所学到的本领、才干应用到实际生活中，实践能力的培养需要思想政治教育中鲜活的教育资源引导学生。鲜活的教育资源，即中国精神中所包含的改革开放精神。改革开放精神是一种具有实践伟力的精神资源，是经过实践检验具有磅礴伟力的精神资源，是说服力强、时效性高的思想政治教育资源，契合了思想政治教育实践性的需求。当代大学生大都是"00后"，是改革开放实践的经历者和参与者，见证了

① 习近平. 在庆祝改革开放40周年大会上的讲话（2018年12月18日）[M]. 北京：人民出版社，2018：42.

中国的发展变化，见证了中国人民在改革开放精神指引下所创造的伟大奇迹。改革开放精神作为一种精神的力量要转化为物质的力量，需要在实践中指引大学生客观地认识世界和积极主动地改造世界，需要将改革开放精神传承发扬下去，融入思想政治教育的理论教学和实践教学中，培养又红又专、能够担当民族复兴大任的时代新人。

3. 改革开放精神是具有鲜明时代特征的思想政治教育资源

思想政治教育的根本目的是促进人的全面发展，培养德才兼备的时代新人，为完成育人目标，思想政治教育的教育资源亟须贴近实际、体现时代性，符合思想政治教育的原则和规律，思想政治教育内容需要因时而进——满足教育对象的情感、意志等方面的需求。新时代大学生是伴随改革开放成长起来的一代，他们在见证改革开放发展的过程中体会到了改革开放精神带给人们的巨大能量。改革开放精神是对思想政治教育精神资源的充实和丰富，将其作为思想政治教育的新资源，有利于体现思想政治教育资源的时代性特征，有利于增强思想政治教育的感染力、亲切力和说服力，对于促进大学生的全面发展也会产生积极影响。

（二）抗疫精神在大学生思想政治教育中的作用

抗疫精神作为宝贵的精神财富，与社会主义核心价值观相通融，与大学生思想政治教育的内容相契合，是大学生思想政治教育的重要资源，对加强和改进大学生思想政治教育工作具有重要的意义。

1. 进一步激发大学生的爱国主义情怀

热爱祖国是中华民族的优良传统，是我们宝贵的精神财富，激励着一代又一代的中华儿女为实现中华民族伟大复兴不懈努力奋斗。在抗击新冠肺炎疫情期间，涌现出无数的先进感人事迹，是青年学生的榜样，是激发大学生爱国主义情怀的鲜活素材。《新时代爱国主义教育实施纲要》强调，新时代爱国主义教育要面向全体，尤其是学生群体，要引导学生树立国家意识、增加爱国情感。[①]青年是社会发展中最有活力的力量、是国家和民族的未来、是实现中华民族伟大复兴中国梦的主力军。对于大学生而言，学习和践行爱国主义精神是实现民族独立和国家富强的精神动力。将抗疫精

---

① 新时代爱国主义教育实施纲要 [N]. 人民日报，2019–11–13.

神融入大学生思想政治教育中，让大学生体会到深刻而又强烈的爱国之情，培养大学生深厚的爱国主义情怀是新时代大学生思想政治教育的重要内容。

抗疫精神融入大学生思想政治教育进一步激发了大学生的爱国主义情怀。抗疫精神是对以爱国主义为核心的民族精神的继承与发展。民族精神贯穿于中华民族发展的始终，抗疫精神是当前民族精神的传承与发扬，其包含的为国为民的家国情怀是指引当代大学生努力奋斗的指南针。在抗击新冠肺炎疫情期间，大学生虽然不能像白衣天使、社区工作者等一样奋战在抗疫一线，但他们从抗疫英雄的身上体会到了奉献、敬业、担当的为国为民的精神，这激励着许多大学生在社区里主动申请担当志愿者，通过自己的方式为疫情防控贡献自己的力量，奉献自己的爱心，彰显了大学生对国家与民族的安全利益负责的爱国情怀。

抗疫精神融入大学生思想政治教育增强了大学生对中国特色社会主义制度的认同感。坚持中国特色社会主义制度就是要把坚持党的领导、人民当家作主及依法治国有机结合起来。习近平总书记在全国抗击新冠肺炎疫情表彰大会上深刻概括了抗疫精神体现的中国共产党以人民为中心的价值追求。[①]中国共产党始终坚持全心全意为人民服务，以人民为中心，坚决守护人民的生命健康与安全，带领着全国人民抗击新冠肺炎疫情，充分体现了中国特色社会主义的独特优势。当代大学生体验着中国特色社会主义事业的发展成果，感受着中国特色社会主义制度的优势。在抗击新冠肺炎疫情期间，党充分发挥了中国特色社会主义制度的优势，保障了人民的生命安全与健康，向大学生展现了党带领着人民抗击病毒袭击的美好画面，显示出了中国特色社会主义制度以坚持中国共产党的领导为最本质的特征，证实了中国特色社会主义制度的科学性，增强了大学生对中国特色社会主义制度的认同感。

2. 进一步提升大学生的社会责任感

中华民族是具有担当、奋斗以及奉献精神的民族。大学生肩负着实现中华民族伟大复兴中国梦的历史使命，勇于承担、敢于奋斗、甘于奉献是大学生实现人生价值、为中华民族伟大复兴的中国梦贡献力量的重要砝码。

---

① 习近平. 全国抗击新冠肺炎疫情表彰大会上的讲话 [N]. 人民日报, 2020-09-09.

新时代大学生应具备勇于承担社会责任的优良品质。大学生思想政治教育要深挖疫情防控素材为教育内容，引导大学生自觉承担社会责任并能正确处理个人利益和国家利益的关系，将责任担当这种优良品质内植于心并外化于行。例如，李兰娟院士带着她的医疗团队"三进"武汉：第一次，她以专家的身份前往武汉进行疫情研判；第二次，李兰娟院士及其医疗团队接管了武汉大学附属人民医院东院中最重症的病人；第三次，李兰娟院士去武汉了解集中核酸排查的情况。73岁的李兰娟院士都有着如此高的责任担当感，大学生应该以之为榜样，激励自己勇于承担社会责任，为实现中华民族伟大复兴中国梦作出应有的贡献。

敢于奋斗是大学生实现自身价值的必备品质。"幸福都是奋斗出来的，奋斗本身就是一种幸福。"[1]青年是国家不断富强，民族繁荣昌盛最有生机的力量，更应该敢于奋斗，坚持树立实事求是，脚踏实地的实干精神。疫情防控期间，被广泛褒奖的应是抢救病人的白衣天使。面对突如其来的新冠肺炎疫情，全国各地涌现出大量主动申请驰援武汉的医护人员，他们知道前方的危险与苦难却义无反顾地申请支援武汉。在抗疫一线，医护人员们特别能吃苦、特别能战斗的奋斗精神感动着无数中国人民。在物资缺乏的情况下，他们就自己制作防护工具，为了节省防护物资，减少穿脱次数，他们一进病房就会戒食戒饮八九个小时，对身体和心理都带来了极大的压力。在这样不仅有被感染的风险还要面临高强度工作的环境下，医护人员毅然坚持克服困难，全身心投入治病救人的工作。这种勇于面对困难，迎难而上的敢于奋斗的精神值得大学生学习。

无私奉献是中华民族的优秀传统美德，在疫情防控期间，处处可见无私奉献的"逆行"英雄，他们不求回报，书写了战"疫"篇章。无论是医护人员、社区工作者还是志愿服务者都为疫情防控奉献了自己的力量。当代大学生应以其为榜样，学习新时代青年奋不顾身、无私奉献的精神，鞭策自己形成甘于奉献的优良品质。

3. 培养大学生独立创新的科学思维

大学时期是一个人成长成才的关键时期，大学生的成长和发展关系着

---

① 习近平. 在北京大学师生座谈会上的讲话（2018年5月2日）[M]. 北京：人民出版社，2018：12.

国家的未来与发展。习近平强调："青年是社会上最富活力、最具创造性的群体，理应走在创新创造前列。"①我国已经进入中国特色社会主义新时代，大学生不仅要深入学习学科专业知识，而且要运用所学的科学文化知识培养自己的创造、创新能力。面对此次新冠肺炎疫情，各领域的专家对新冠病毒的病因学及流行病学、治疗方案以及疫苗的研制与开发等方面展开了许多复杂的研究。学习专家经历的艰辛研究历程及他们身上所体现的求真务实、潜心探究的科学精神有利于大学生培养独立创新的科学思维。

大学生能通过此次疫情能充分感受到提高创新意识的重要性。创新是国家发展的不竭动力，是综合国力竞争的关键点。创新不是对原有的概念或结果加以主观臆断，而是要在新的层面上用客观、理性的思维，进行求真务实、脚踏实地的研究。陈薇院士是一位与不同病毒搏斗的战士。2003年，陈薇院士带领着课题组冒着生命危险与"非典"病毒零距离接触，进行各种研究实验。2014年西非爆发埃博拉疫情，让全世界谈之色变，而陈薇院士却决定到非洲一线去。经过不断努力，陈薇院士带领着科研团队研发了世界首个2014基因型"埃博拉疫苗"，给人们带来了希望和安慰。2020年初，陈薇院士在大年初二就带着专家组驰援武汉，仅用两天时间，他们研制的新冠肺炎病毒核酸检测试剂盒就获得了医疗器械注册证书，很快核酸检测试剂盒就投入了使用，配合核酸全自动提取技术，大大加快了确诊速度。陈薇院士在生物安全领域的创新研究为遏制疫情蔓延、研究治疗方案等方面起到了重要的作用，不管病毒多么的顽固，她总能扭转局面，被称为"病毒的终结者"。

培养大学生的创新意识、科研意识是落实科研育人的基础。科学思维是大学生必须具备的综合能力之一，关系到国家和民族的向前发展。科技的力量为疫情防控提供了强大的支撑。新冠肺炎疫情防控期间，面对前所未知的新型病毒性疾病，我们遵守科学的规律，采取全面的疫情防控布局，把疫情防控落实到决策指挥、诊疗治疗、技术攻克的全过程，采取了中西医结合的治疗方法，被多个国家借鉴和使用，取得了疫情防控的阶段性胜利。

---

① 习近平. 习近平谈治国理政 [M]. 北京：外文出版社，2014：51.

（三）中国梦融入大学生思想政治教育的价值旨归

1. 中国梦蕴含了思想政治教育价值导向的精神力量

以爱国主义为核心的民族精神和以改革开放为核心的时代精神共同构成了新时代的中国精神，这也是大学生思想政治教育所内含的主体内容和教育目标导向，是体现其价值引领的重要框架。

中国梦体现了民族精神，这也是思想政治教育的重要内容之一。民族精神是一个民族生命力、创造力和凝聚力的集中体现，是一个民族赖以生存、共同生活和共同发展的核心和灵魂。[①]爱国主义是中华民族精神的首要内核。在我国几千年的历史发展进程中，不同时期爱国主义的精神内涵或有差别，但对国家统一强大、国泰民安的愿望和追求却是一致的。中国梦的本质内涵之一就体现在民族振兴上。这是全体华夏儿女奋发振兴中华的高昂的精神面貌和斗志。空谈误国，实干兴邦，以爱国主义高尚情怀引领各领域从业者自觉遵守和践行核心社会价值观，推进中国梦引领高校思想政治教育发展的价值导向，在新时代中不断赋予爱国主义新的内涵，不断丰富和拓宽中华民族的爱国主义精神维度。

中国梦体现了改革创新精神，蕴含了推动思想政治教育发展的精神动力。时代精神的核心要义是改革创新，就是要遵循求真务实的原则基础。当今世界科学技术迅猛发展，国内外竞争趋势日益激烈，中国政治、经济和文化要在世界舞台绽放光彩，必须紧紧依靠改革和创新这个关键着力点。当前，中国改革开放进入攻坚期和深水区，各方利益矛盾冲突、多元的价值观融合和摩擦加大，对人民大众的精神世界产生了极大的冲击，迫切需要弘扬主旋律精神，增强精神定力。中国梦具有导向规范功能，可以鼓舞人心、凝聚力量，赋予高校思想政治教育与时俱进、创新发展的精神动能。[②]新时代的主旋律就是在大学生思想政治教育体系中，在融入改革创新时代精神基础上去弘扬和实现中国梦，以时不我待的使命感和责任感彰显和追求中国梦。时代精神助力中国梦更好地实现，中国梦引领时代精神。

①　肖贵清. 实现中国梦的根本途径、精神支撑、力量之源 [J]. 思想理论教育，2013（11）：4-10.

②　蒙秋明. "中国梦"：大学生思想政治教育的新内容 [J]. 贵州社会科学，2013（07）：151-153.

2. 中国梦折射了思想政治教育发展的前进方向

中国梦论题既蕴含实践意义，又融合了理论价值，与大学生思想政治教育的实施要求和发展方向一脉相承，即在立足现实基础上划定未来前进轨道，是现实性和未来性的辩证统一。现实是未来的发展基础，未来是现实的发展方向和目标。①

中国梦是习近平总书记遵循马克思主义基本原理，依据中国历史和当前社会现实情况而提出的重大命题，也应成为高校思想政治教育知识体系的一部分。当前我国正处于世界格局百年未有之大变革时期。在世界层面，中国以强大的综合国力在世界事务中发挥着重要作用，在民族历史发展进程中我国从未像当今一样如此接近世界舞台中央，处于国家历史发展的最好水平。在国内层面，以习近平同志为核心的党中央坚持以人为本，突出人民主体地位，锐意改革进取，努力建设社会主义现代化强国。这也为高校思想政治教育奠定了现实教育基础和未来的发展方向，更提出了时代课题，即为适应当前形势和国家未来发展，思想政治教育应遵循什么方向，为谁办学，在培养什么人、怎么培养人以及为谁培养人等关键方向问题上，中国梦如何发挥更重要作用。

站在历史唯物主义立场来看，中国梦是对实现国家理想的殷切希望，与高校思想政治教育现代化发展态势相吻合。中国梦在现代性思维方面呈现了静态的现实性和动态的前瞻性：我们既要保持目前国内外良好的发展环境和趋势，采取积极稳健的发展方式，巩固好发展成果，勇攀高峰；同时，敢于正视现实，面对国内外影响发展的不利因素，下大气力推进各领域改革步伐，敢啃硬骨头。艰难困苦，玉汝于成。经过百年持续奋斗，我们终于找到了民族复兴的正确道路，中华民族迎来了前所未有的复兴时机。这个历史机遇，就是提倡在把握现实的基础上积极把未来性构思转化成脚踏实地的行动，为早日实现社会主义现代化强国而贡献力量。

3. 中国梦昭示了思想政治教育面临的机遇挑战

马克思主义告诉我们，事物的发展不是一帆风顺的，总是呈着螺旋式上升和波浪式前进，前途是光明的，道路是曲折的。毛泽东指出："矛盾

---

① 董德福．"中国梦"的历史嬗变与实现路径 [J]．江苏师范大学学报（哲学社会科学版），2013，39（05）：106-112.

不断出现，又不断解决，就是事物发展的辩证规律。"[①] 中国梦作为思想政治教育内容的重要组成部分，其蕴含的前进性和曲折性特征也集中反映了高校思想政治教育面临的矛盾问题，即前途与挫折、机遇与挑战并存。

事物的发展由小到大、由简单到复杂、由低级到高级。中国梦的产生和发展路径也是一个动态性的演进过程，既有量的变化，也有质的期待和追求。折射了思想政治教育的发展演化过程。中国梦与思想政治教育在内容上是相吻合的。如在政治、经济、文化、军事和民生建设等领域取得了长足的进步，人民幸福感显著增强，国家呈现蒸蒸日上的繁荣局面。在取得成就的同时，我们也要清醒认识到：国际上，贸易保护主义势力愈演愈烈，中美经济贸易摩擦，人工智能、5G 通信芯片等核心技术竞争和封锁态势加剧，反华势力阵营进一步扩大；在国内，几十年的改革开放发展进程中也出现了部分弊病，如精英阶层的利益固化、社会劳动分配不均、教育、收入、医疗不公、生态环境破坏，以及部分共产党员存在如精神懈怠、能力不足、脱离群众等。这些在一定程度上影响中国的发展进程，使中国梦的发展呈现一定的曲折性，同样折射了归属于高校思想政治教育范畴的社会和价值观问题。要实现中国梦，高校必须培养大学生群体敢于面对社会矛盾、承受挑战与挫折的，坚持道路自信、理论自信、制度自信和文化自信。在推动实现中国梦的进程中也逐步明晰了教育的机遇和挑战点，即思想政治教育也会经历初级阶段、渐变发展阶段，会遭遇挫折挑战，越战越勇，最终的目标也是产生质变、实现立德树人的根本目标。

4. 中国梦彰显了思想政治教育立德树人的根本目标

中国梦是国家梦和个人梦的统一，具有共性和个性的关系。其实现需要每个人的共同努力。个人的梦想是共同梦想的具体表现和组成部分。要允许和鼓励个人梦想的特殊性，充分地释放每一个逐梦者的创造力和聪明才智，在全社会追求个人梦想的实现。这也是高校思想政治教育所追求的人的全面发展的价值目标。

习近平指出："要把立德树人的成效作为检验学校一切工作的根本标准，

---

① 毛泽东. 关于正确处理人民内部矛盾的问题 [M]. 北京：人民出版社，1964：13.

真正做到以文化人、以德育人，……做到明大德、守公德、严私德。"① 中国梦蕴含的共性与个性的特征，彰显了高校立德树人要求中的培养德才兼备、知识丰富和政治过硬的内涵。中国梦也对新时期思想政治教育提出了标准和要求，即具备个人内在品行与外在本领，二者起合力作用才能铸就时代新人。

中国梦是对美好幸福生活的希冀。这个美好愿望的实现要求大学生群体树立求真务实的拼闯精神，践行空谈误国、实干兴邦的奋斗理念，明悟一切幸福生活都是靠奋斗、靠双手创造的。思想政治教育的发展目标正是培养这样一批有真才实学、家国情怀和理想追求的大学生群体。美好生活和幸福梦想不断变为现实时，我们才能共同托举起伟大的中国梦。中国梦不仅关乎民族和国家层面的，也是属于每一个中国人的。从根本上而言，二者在立德树人的导向上是一致的。

总之，只有以铸魂育人思想为引领，遵循因时而进、因事而化、因势而新的基本原则，充分发挥高校思想政治教育主渠道作用，创新高校铸魂育人的教育内容，铸就有意识形态本质内涵和精神原则的思想魂魄，培育能够担当民族复兴大任的时代新人，才能实现高校铸魂育人的目标。

---

① 习近平. 在北京大学师生座谈会上的讲话（2018 年 5 月 2 日）[M]. 北京：人民出版社，2018：7.

第六章　以铸魂育人为引领创新教育理念

思想政治教育理念是思想政治教育活动的根本指导思想，教育的内容、方法、途径、体制等要想真正创新，前提是理念上的创新。教育理念本身具有深厚的文化底蕴和强大的文化辐射力，是高校思想政治教育的灵魂和内核，具有鲜明的针对性和指向性，能够有效地内化为大学生的价值标准，并且指导他们的外在行为。新时代就应该有新理念，理念创新的目的在于推动高校思想政治教育的发展。创新是发展的动力，发展是创新的目的。为了顺应新时代的要求，坚持以铸魂育人思想为引领创新思想政治教育理念，是当前高校思想政治教育的一项重要内容。

第一节　理念创新的演变内容

一、政治导向转变为经济导向的思想政治教育理念

改革开放后，思想政治教育工作的重心围绕经济建设这个中心展开。受到经济导向的现实指向的有效作用，思想政治教育对其价值原则作出了适时的调整，实现了由前期的集体主义到后期社会本位的切实转变。立足于经济导向的思想政治教育理念完全契合两大价值原则：一是国家至上，二是集体主义。据此来看，有了正确的思想引导，改革开放和市场经济建设都能获得稳健发展。

思想政治教育理念是一种理性认识，同时也可被视作在教育实践活动中所体现的人们的观念意识，其深受教育理论实践活动的发展的影响。依

托于经济导向的思想政治教育理念是对现阶段现实活动呈现出来的理性抽象，在现实指向上，主张在坚定不移地致力于为社会主义经济建设这个中心服务，在改革开放中可以在应对诸多挑战，无论是来自内部还是源于外部的挑战时都能做到游刃有余。经济导向下的教育理念秉持教育创新发展的科学精神，实现对政治导向下教育理念的承接和超越，能够实现教育理念从政治导向转变为经济导向。

二、单一化视角转变为开放化的思想政治教育理念

随着对外开放不断加快的步伐，人们开始吸收西方优秀教育理念，但并不是盲目、全盘地吸收，而是根据实际情况有选择地借鉴与吸收。面对新时代社会文化思潮的不断冲击，人们通过开阔视角，形成思想政治教育的强大合力，从而进一步促进教育理念的创新。

转变教育理念是教育得以发展和改革的前提。以往思想政治教育的改革仅仅是浮于表面作出简单的修补，缺乏实质性作用，未能做到形式的多样化。唯有立足于教育理念层面实施改革，才可以从根本上改变教育的发展困境。当前我国社会正处在深刻变革时期，传统的思想观念正受到现代社会的强烈冲击，网络发展更是促使多元化的观念得到迅速传播，但是新的价值观还处在发展当中，尚未成熟。在这一转变时期，民众将面临较大的精神危机，如道德滑坡、价值观迷茫、意义感丧失、理想信念缺失等。

现实应当竭力向思想迈进，而不应当仅仅是促使思想尽力去表现为现实。思想政治教育理念应当顺势而变，紧跟社会发展以及变革潮流，符合现实需求，善于面对机遇和挑战，将具有时代性的哲学思想作为基础，以此推进思想政治教育理念的革新，实现教育理念从单一化视角向开放化转变。

三、单向性灌输转变为互动性的思想政治教育理念

由于受传统的、落后的思想政治教育的影响，大学生的主体性一直得不到有效的发挥，一直处于被动的客体地位。社会的发展带来了人们价值观念的变化，教育理念也要发生相应的变化，真正做到与时俱进，最为基

本的是要遵循以人为本的宗旨，确保人的主体性的正确方向；要顺应社会发展的要求，这样才能够充分地体现出思想政治教育的真实意义。

　　20 世纪 80 年代初，改革开放进程逐步加快，主体性教育开始得到教育界的关注，这标志着当代教育理念发展的一大进步。思想政治教育理念随着时代的发展不断被赋予新的内容，由于其对人性的关怀和对个体的尊重的不断重视，对摆脱传统教育困境的出路有所帮助。新时代高校思想政治教育理念只有立足于优秀的教育理念之上，才能够找到自己准确的出发点和归宿。新时代高校思想政治教育领域一改过去单纯地以教育者为主体的教育理念，转变为关注大学生为主体的发展，重视大学生的主体性，形成教育者同受教育者之间的互动性的主体间性教育。这一方式是对学生积极性和创造性的极大调动，实现了其从单向性灌输向互动性的转变。

第二节　　理念创新的着力点

　　时代在变迁，社会在发展。有效开展大学生思想政治教育，铸魂育人是一个永恒的课题，也是时代赋予高校的一项艰巨任务。我国高校思想政治教育理念在实践中不断地变化和发展，在取得成就的同时也面临着诸多发展难题。一个新时代的到来，总是伴随着新的思想、观点和理论，在社会这个绚丽大舞台上，理念创新要与时俱进。正因为大学生的时代特点与新发展理念教育的契合性，以铸魂育人思想为引领，高校思想政治教育理念创新的着力点在于树立新发展理念教育。优秀的教育理念是高校不断发展的有力保证。在把我国高校创建成世界一流大学的今天，把新发展理念教育有机融入高校思想政治教育体系当中，这在一定程度上给我国高校铸魂育人理念的创新改革提供了重要的参考和借鉴作用。

　　没有理念，也就没有方向。以创新、协调、绿色、开放、共享为核心的新发展理念是对马克思主义科学方法论的创造性运用，是对马克思主义发展理念的进一步创新，是对科学发展观的坚持与发展，是对古今中外各种发展思想的借鉴与扬弃，它具有鲜明的问题意识和丰富的时代精神。新发展理念不仅是经济、社会发展的新理念，也是推进高校"双一流"建设的思想引擎和引领思想政治教育工作的行动指南。将新发展理念的内涵和实践要求有效融入高校思想政治教育，激发活力、形成合力、注入动力、挖掘潜力、拓展资源，不断提升思想政治教育工作者教育理念创新的动力，通过理念创新从根本上促进高校思想政治教育工作高水平、高质量的发展，实现铸魂育人的目标。

一、以创新发展理念激发创新活力

创新发展是思想和文化的创新进程，为教育发展提供了精神动力。把创新发展提升到发展理念的层面，使得理念进一步上升到理性的角度，同时创新思想的发展又从根本上推动了创新发展理念的形成和发展。在教育中，唯有激发思想政治教育工作者的创造活力，才能实现创新发展理念在以铸魂育人思想为引领的高校思想政治教育中蔚然成风。

在新发展理念中，创新发展理念为首，既是方向，又是钥匙，是引领高校思想政治教育发展的第一动力。新时代需要创新型人才，而创新型人才需要通过创新教育来培养。教育只有通过创新，才能打破传统的落后的思维模式和教育理念，找到符合时代的育人思路，因此，高校铸魂育人首先要从创新发展理念开始。

坚持创新发展理念，就应当将创新始终贯彻在发展的过程当中，作为教育发展的首要目的和核心，以此来激发思想政治教育工作者创新的活力。理念创新的目的是要培养全面发展的人，教育必须立足于社会实践，改变传统的"灌输"模式和应试教育理念，鼓励教育工作者在社会实践中获得创新精神与创造灵感。坚持创新发展理念是解决我国从教育大国走向教育强国的关键，是影响我国高校思想政治教育发展的"牛鼻子"，同时，也为文化建设提供了强有力的理论指引。

理念创新是众多创新内容的根本，是一切教育工作得以有效开展的前提。坚持创新发展理念教育，就是要鼓励教育工作者能够创新，培养他们的创新质疑能力，注重思维训练方式和挖掘自身的潜力。同时，理念创新还要考虑学生的自主性和能力性，鼓励学生拥有独立思考、勇于批判和主动探索的精神。高校思想政治教育的发展要根据时代发展的变化和大学生的思想特点，要有与时俱进的新理念，要有现代化的特点，建设现代化的思想教育体系。同时，为了高校思想政治教育能够取得良好的实施效果，需要创新教育理念，按照系统化和科学化的要求，使教育更具时代化，因此，树立创新发展理念教育可以激发高校思想政治教育理念创新的活力。

二、以协调发展理念形成创新合力

习近平指出："协调既是发展手段又是发展目标，同时还是评价发展的标准和尺度。……协调是发展两点论和重点论的统一，……协调是发展短板和潜力的统一，……"① 协调不是静态过程，而是一个动态过程。协调和失衡本身是一对矛盾体，协调的主要目的就是调节当代大学生接受教育的不平衡问题，是新时代高校铸魂育人持续发展的内在要求。

在以铸魂育人为引领的思想政治教育理念创新过程中，要及时补齐短板，善于运用线上线下相结合的方法，统筹规划布局，实现协调发展，高校思想政治教育理念才会站在新的历史起点上，这是教育改革发展的重要体现。协调发展理念着眼于全面系统的思维方法，重点强调高校内部各个系统之间关系的平衡性和整体性，推进理念创新持续健康发展。

坚持协调发展理念教育，思想政治教育工作者在进行理念创新时要具有服务的意识，通过教育理念提供给大学生多样化教育服务，满足大学生多样化教育需求，有效整合教育资源，注重教育资源的统筹兼顾。首先，需要确保教育的稳定协调发展。同时，在日常的教学活动中应当有重点地对学生实施思想政治教育，辅导员在践行协调发展理念方面起着不可忽视的重任。其次，需要促进大学生身心健康的协调发展。高校思想政治教育的目标是为了促进人的全面发展，思想政治教育目标之间要相互协调。再次，需要促进师生关系的协调发展。它直接影响着高校思想政治教育的实践效果，教师要平衡教学、育人和科研三者之间的关系，建立平等、和谐、信任的师生关系。最后，需要促进育人工作的协调发展。多方协调，整合各方资源，形成育人合力，构建协同发展新机制。总之，在协调发展中要

---

① 习近平. 习近平谈治国理政（第二卷）[M]. 北京：外文出版社，2017：205.

注重发展的整体效能，避免发展中的"木桶效应"。

三、以绿色发展理念注入创新动力

绿色代表着希望和动力，对于思想政治教育环境来说，绿色象征着和谐、健康、安全。事实上，绿色发展是一种具有全局观念的，并且系统化、有机化的发展过程。从广义的角度来说，绿色发展包括节约发展、清洁发展、均衡发展、安全发展以及低碳循环发展等五个方面的含义和要求。"绿水青山就是金山银山"[1]这句话意味着绿色发展人人有责，人人共享，这就需要思想政治教育工作者运用生态观教育理念对大学生进行思想教育。绿色发展理念是大学生思想政治教育铸魂育人发展战略的重要组成部分，不仅包括教育本身的发展，还包括教育发展产生的绿色效应。绿色发展理念教育需要发挥文化育人的功能，致力于教育软实力的建设。

在创新发展理念和协调发展理念的基础上，以铸魂育人思想为引领的高校思想政治教育需要践行绿色发展理念。高校思想政治教育要尊重育人规律，采取科学育人方法，以绿色发展理念引导绿色管理、绿色文化、绿色教育，构筑绿色生态环境。高校思想政治教育离不开校园文化的熏陶，通过浓郁的学术氛围和绿色的文明校园，引导大学生树立绿色的行为规范和学习方式，在绿色校园环境中崇尚科学的绿色精神。

一般而言，要发展绿色教育理念，就应当充分发挥教育的绿色效应，培养学生绿色健康的学习方式和生活方式，使学生树立绿色的生态价值观。坚持绿色发展理念教育，构建绿色传播载体，包括绿色知识体系、绿色目标体系、绿色师资体系等，以此作为高校铸魂育人实现绿色发展的助推力。同时，掌握铸魂育人的内涵所在，构建可持续发展的绿色生态观。绿色生态观包括绿色生态价值观、绿色生态实践观、绿色生态社会观：把绿色生态意识教育渗透到高校铸魂育人工作中，树立人与自然、人与社会和谐发展的生态价值观；把绿色生态实践教育融入高校思想政治教育中，引导大学生在实践中践行绿色价值观；国家要加大支持力度，为当代教育行业发展注入新鲜的活力，营造出适合大学生发展的绿色文化氛围。总之，充分

---

① 习近平. 习近平谈治国理政（第二卷）[M]. 北京：外文出版社，2017：209.

利用思想政治教育为大学生生态文明教育提供宣传渠道，同时加强大学生的生态文明意识，这对全社会的生态文明建设有着重要的推动作用。

四、以开放发展理念挖掘创新潜力

开放发展意味着"走出去""引进来"。开放发展是协调平衡的开放，是双向互动的开放，是更高层次的开放，也是有担当的开放。开放发展顺应了深度融入高校思想政治教育发展的总趋势。在今天，开放理念已渗透到社会的各个领域。开放发展理念的提出，赋予了"开放"新的内涵，蕴含了古今中外发展的精华，推动了当代高校思想政治教育向前发展。

高校应当给予大学生一定的自由和空间，使得学生可以在轻松愉快的环境下学习思想政治教育理念，而不是被迫学习。开放发展理念教育要基于运用吸收、借鉴古今中外先进的、优秀的教育思想和理念，这样一来才能促进大学生对于思想政治教育理念的理解和实践，才能为高校"双一流"建设奠定思想基础。因此，用开放发展理念教育提升高校思想政治教育质量是很有必要的，有开放的视野，有开放的学科视域。在开放理念教育过程中，要做到不忘初心、牢记育人使命，立足本国，扎实做好大学生思想政治教育工作。

坚持开放发展理念教育，丰富教育的空间，挖掘教育的潜力。从新时代大学生的自身角度来看，大学生获取知识的途径呈现多样化，并且在接受新事物、新思想、新理念的过程中思维活跃。从创新教育理念角度来看，高校根据实际情况与其他高校经常性地开展大学生思想政治教育研讨活动，创新优秀的教育理念，推动教育的发展。坚持开放式的教育理念，能够激发学生对于思想政治教育的兴趣，提升大学生的学习热情：通过开放的交流平台，善用多种媒介，如问卷调查、微信平台、微博平台等，有助于高校及时了解学生思想动态和学生关注的问题，促进学生的思想交流，使思想政治教育理念更接地气，更加接近学生。要随时关注学生所想、所思，以开放的视野出发，立足本国，放眼世界，深刻揭示新时代高校铸魂育人的发展趋势。

五、以共享发展理念拓展创新资源

共享是人类社会发展的必然要求。发展是共享的基础，共享是发展的目的，共享与发展是辩证的统一体，只共享不发展或只发展不共享都是不可持续的。共享发展的核心理念是以人为本，共享发展理念的本质是人人参与、人人尽力和人人享有的平等共享思想。共享发展理念的提出是对以铸魂育人为引领的高校思想政治教育发展的内在要求认识的新高度，表明了高校思想政治教育在新时代有新要求，把共享和发展二者高度统一起来，有助于促进教育公平，在思想政治教育实践发展过程中让学生有更多的获得感。通过分享成果，大学生的思想觉悟能真正获得全面的提升。

"互联网+"的强势发展，打破了时空、地域的局限，给教育发展带来了优质的资源和无限发展空间，使教育走向均衡、合作的发展道路。近年来，围绕"云课堂"为核心展开教学资源云平台建设，并有机结合"网络精品课""微课"，汇聚学校优势和学科优质资源，实现教育资源覆盖所有学校、所有年级、所有学科，这些都拓展了教育资源的共享。共享发展理念的最终目标是以人为本，坚持共享发展理念教育，打造和谐团结的文化氛围，达到文化共享的教育目的，同时将学生的综合发展作为教育的第一要务，尊重学生的主体地位，运用人文关怀帮助学生的发展创造条件，教育的出发点和落脚点都是为了学生的全面发展。

百年大计，教育为本。经济发展离不开教育，以铸魂育人为引领的高校思想政治教育发展离不开创新、共享、绿色、开放等发展理念，同时这些理念之间也是相辅相成、相互联系的，目标指向一致，统一于高校思想政治教育发展过程当中，同时也形成统一的发展体系。事实上，这些教育理念是缺一不可的，只有协同发展，才能推动高校铸魂育人不断前进，真正培养出社会主义现代化建设需要的全面、合格的接班人。

第三节　树立理念创新的时代观念

　　树立新观念是实现以铸魂育人为引领的高校思想政治教育理念创新的基本前提。在推动大学生思想政治教育的过程中，应当适当更新观念。任何时期的思想政治教育都是以前一时期思想政治教育的成功经验为基础的，时代在变化，人们的价值观念也发生了很大变化，思想政治工作的方式方法也要随之发生相应的变化。要真正地做到与时俱进，坚持把立德树人观点作为高校思想政治教育的根本任务和中心环节，顺应社会发展的要求，思想政治教育工作者要做到打破传统陈旧观念、重视传统文化、坚持人的全面发展理念、坚持在改革中创新的理念，这样才能够充分地体现出教育的真实意义。我国的高等教育正朝着世界一流方向奋勇前进，按照习近平总书记"扎根中国大地办大学"①的根本要求，为实现"两个一百年"的奋斗目标，高校提供了有力的人才支撑。

一、坚持人的全面发展理念

　　马克思和恩格斯在《共产党宣言》中描绘共产主义伟大理想时，向全人类宣告："代替那存在着阶级和阶级对立的资产阶级旧社会的，将是这样一个联合体，在那里，每个人的自由发展是一切人的自由发展的条件。"②并指出，"每一个人都无可争辩地有权全面发展自己的才能"③，全面发展包括思维能力在内的人的一切能力，把人的全面发展作为社会主义社会的基本特征之一。依据马克思主义关于人的全面发展理论，人的全面发展可以理解为人的体力和智力的充分、自由、和谐的发展，实质上就是人类社

① 习近平. 习近平谈治国理政 [M]. 北京：外文出版社，2014：174.
② 中共中央马克思恩格斯列宁斯大林著作编译局. 马克思恩格斯选集（第一卷）[M]. 北京：人民出版社，2012：422.
③ 华东师范大学教育系. 马克思恩格斯论教育（修订本）[M]. 北京：人民教育出版社，1986：55.

会从必然王国向自由王国的过渡，它强调的是人的社会化程度，即整个人类社会在经济、政治、文化各方面的全面发展。[①]也就是说，人的全面发展是人在物质生活、精神生活、身心素质等方面都实现发展。人的全面发展不仅是共产主义社会的本质体现，也是建设中国特色社会主义社会的本质要求和奋斗目标。中国特色社会主义的各项事业既要满足人民的物质需求，又要实现人民素质的提高，也就是要推进人的全面发展。在当今世界知识经济和科学技术对社会影响越来越深远的背景下，国家间的竞争、社会中人与人的竞争都日趋激烈，个人自身素质的高低就成了竞争的关键。只有全面发展的人才才能掌握竞争的主动权，站在决胜的制高点。要把人才工作抓好，让人才事业兴旺起来，因为国家发展靠人才，民族振兴靠人才。对于高校教育而言，就是把培养全面发展的大学生作为教育的最终目标，因此，要在高校的教育过程中贯彻人的全面发展理论，实现大学生德智体美劳全面发展。

以铸魂育人为引领的高校思想政治教育要坚持人的全面发展理念，注重大学生人格的塑造，帮助大学生实现成长成才，给大学生的就业创业提供精神支撑。高校思想政治教育要充分发挥应有的作用，以满足大学生精神层面的需求，养成良好的道德品质，使其成长为能够实现自己人生价值和满足中国特色社会主义事业所需的人才。当前，有些大学生在追求物质的过程中迷失了自我，就是因为过于注重物质需要而忽视精神需要，助长了拜金主义、享乐主义、极端利己主义等不良风气，导致精神空虚、道德滑坡。这需要积极的人生价值观的引领，对大学生开展生命观、幸福观、义利观教育，拓展自我教育，注重体验教育，拓展艰苦奋斗精神教育，加强理想信念教育和传统文化教育等，教育和引导大学生抵御不良风气的侵蚀，推进大学生思想道德素质的提升，为大学生的成长成才保驾护航。

---

① 谭蔚沁. 论马克思"人的全面发展理论"与大学生创业教育 [J]. 思想战线，2009（05）：139-140.

二、坚持立德树人理念

继党的十七大报告提出"坚持育人为本、德育为先"①的理念之后，十八大报告更是深化了这一理念，将立德树人确立为我国教育的根本任务。党的十八大报告明确指出："把立德树人作为教育的根本任务，培养德智体美全面发展的社会主义建设者和接班人。"②这就是说，立德树人体现了高校教育的本质，是高校的立身之本，是新形势下思想政治教育的根本任务所在。高校作为传承文化、创造知识、创新思想、培养人才的重要场所，使高等教育担负着传承宝贵的传统文化、传播知识和技能、进行科研创新、为国家和社会培养所需的德才兼备的人才的重要使命，其中最根本的、最重要的任务就是立德树人。"树人"是指培养合格人才，是要通过教育去培养人、改造人和发展人，把大学生培养成国家和社会发展所需的人才；"立德"是树立良好道德，通过道德教育来感化人、引领人和激励人，为塑造人才服务。因此，在立德树人的教育根本任务中，"立德"与"树人"二者紧密相连。第一，"树人"是立德树人的根本，指明了教育的根本目的和价值追求。这也是高等教育的目标方向所在，即高等教育要以育人为本，就是要把大学生培养成为身心健康、德才兼备的优秀人才，培养成有理想信念、又红又专、德智体美劳全面发展的社会主义合格建设者和可靠接班人。第二，"立德"是为了"树人"，德育是培养人才的重要方式和途径，"树人"需要"立德"，只有"立德"才能真正达到"树人"的目标。没有"立德"的"树人"会偏离教育的正确方向，有才无德的人可能会对社会发展有害。高校需要培养具有社会主义道德的人才。第三，"树人"要先"立德"，教育要坚持"育人为本，德育为先"的基本原则，体现了德育在教育中的首要地位和价值选择。高校也要把道德教育置于整个教育过程的中心环节，处于学校各项工作的首要位置。

以立德树人作为教育的根本任务，既是对中华传统文化中教育思想的

① 胡锦涛. 高举中国特色社会主义伟大旗帜　为夺取全面建设小康社会新胜利而奋斗——在中国共产党第十七次全国代表大会上的报告（2007 年 10 月 15 日）[M]. 北京：人民出版社，2007：37.

② 胡锦涛. 坚定不移沿着中国特色社会主义道路前进　为全面建成小康社会而奋斗——在中国共产党第十八次全国代表大会上的报告 [M]. 北京：人民出版社，2012：35.

传承，又是对党的与时俱进的教育理念的遵循。我国古代很早就有关于"立德"的教育意识。《左传·襄公·襄公二十四年》中有"太上有立德，其次有立功，其次有立言，虽久不废，此之谓不朽"的观点。古人把培养良好的德行、树立崇高理想，能够建功立业、事业有成和著书立说、形成自己的思想体系视为人生的终极追求，而这三种追求中居于首位的就是立德，这充分体现出古人对道德追求的重视。《管子·权修》中有古人最早对"树人"的认识："一年之计，莫如树谷；十年之计，莫如树木；终身之计，莫如树人。"可见，古人早已看到培养人才的重要，并一直坚持人才必有高尚道德追求的教育思想。

为了保证社会主义建设事业后继有人，为国家和社会发展提供可靠的人才保障，党的教育方针始终坚持育人为本、德育为先的理念。习近平强调："我国高等教育肩负着培养德智体美全面发展的社会主义事业建设者和接班人的重大任务，必须坚持正确政治方向。高校立身之本在于立德树人。"①中国共产党一以贯之这样的教育理念，即以培养社会主义事业所需人才为根本，突出道德教育的目标，把德育放在各项素质培养的首位，把立德树人作为教育的根本任务，并为我国社会主义事业的建设和发展培养了一批批宝贵人才。

当前，我国处于已经建成小康社会、进而全面建设社会主义现代化强国的时代。实现中华民族伟大复兴是党的历史使命和全国人民共同的理想。高校要实现立德树人的教育任务，要培养又红又专、德才兼备、全面发展的中国特色社会主义合格建设者和可靠接班人。②首要的教育工作就是培养大学生树立社会主义道德，使他们坚定中国特色社会主义道路自信、理论自信、制度自信和文化自信，积极培育和践行社会主义核心价值观，自觉弘扬中华优秀传统文化，弘扬民族精神和时代精神。这就要通过有效的高校思想政治教育工作来实现，把大学生培养成为具有社会主义道德的全面发展的人才，让大学生的个人理想和奋斗融入中国特色社会主义的共同理想和奋斗之中。

---

① 习近平. 习近平谈治国理政（第二卷）[M]. 北京：外文出版社，2017：377.

② 中共中央国务院印发《关于加强和改进新形势下高校思想政治工作的意见》[N]. 人民日报，2017-02-28.

贯彻立德树人的教育理念，要求高校要把以铸魂育人为引领的大学生思想政治教育放在教育工作的首要位置。高校要充分重视和运用思想政治教育在人才培养中的重要作用，促进大学生脚踏实地、刻苦钻研，形成良好学风；激励大学生敢于探索、勇于创造，专于学术研究；学习艰苦奋斗精神，使大学生百折不挠、越挫越勇，形成过硬的心理素质和坚忍不拔的意志品质；教育和引导大学生树立为理想信念奋斗的坚定决心，促进个人奋斗目标与社会主义奋斗目标的结合。

　　贯彻立德树人的教育理念，就是把大学生思想政治教育融入学校教育的全过程，要求高校除了要做好教学育人的工作，还要通过履行管理育人、服务育人的职责，实现全员育人、全程育人、全方位育人的良好效果。通过高校的管理和服务，把思想政治教育贯穿于学校日常管理的各个环节，渗透大学生学习和生活的各个方面，实现全程、全方位的培养。管理和服务部门在不断提高管理和服务水平的过程中，从大学生反映的问题入手，关心大学生的冷暖，满足大学生的需求，解决大学生的实际困难，以获得大学生的认可和支持。以此为基础，把思想政治教育融入大学生宿舍、食堂、操场、浴池、活动中心等日常生活的建设、服务和管理当中，引导大学生树立正确的人生观、世界观和价值观，完善自我教育并贯穿于整个学习生活。在科学严格的管理和细致入微的服务中，在大学生学习生活的一点一滴中，有效开展大学生思想政治教育工作。

　　贯彻立德树人的教育理念，还要求高校领导和教师除了要通过思想政治教育使大学生"立德"，还应使自身先"立德"。立德树人中的"立德"应该是双向的，师德对大学生的示范引领作用不容忽视。习近平总书记在全国高校思想政治工作会议上强调："传道者自己首先要明道、信道。高校教师要坚持教育者先受教育，努力成为先进思想文化的传播者、党执政的坚定支持者，更好担起学生健康成长指导者和引路人的责任。"① 高校教师不但有传授知识和技能给大学生的责任，还有引导和教育大学生树立远大理想和养成良好道德品质的使命。教师是学生成长的领路人。正人先正己，教育者首先要自觉加强自身的道德修养教育，身教甚于言传，教师应注重

① 习近平. 习近平谈治国理政（第二卷）[M]. 北京：外文出版社，2017：379.

正面教育示范，用自己的模范行为给大学生做表率，用自己的人格魅力感染大学生，以德立身、以德施教，这将对大学生的精神引领和良好行为习惯养成起到更加明显的效果。

综上所述，高校只有落实立德树人的理念，把以铸魂育人为引领的高校思想政治教育放在教育工作的首要位置并融入学校教育的全过程，才能促进大学生全面健康成长，培养具有良好道德自律能力、德智体美劳全面发展的中国特色社会主义事业的合格建设者和可靠接班人。

三、坚持在改革中创新的理念

改革创新是推动人类社会进步和民族发展的强大精神动力。改革，就是变革旧事物中不适宜的东西，除弊兴利；创新，就是创造新的事物，弃旧图新。人类文明发展的历史就是靠着改革创新而变得丰富多彩和不断进步。以铸魂育人为引领的高校思想政治教育也要坚持改革创新的教育理念，以教育的理念、思路的改革创新，带动教育内容、教育模式和教育方式方法的改革创新，使高校铸魂育人符合时代要求，提升教育的实效性，做到与时俱进。

中国共产党以改革创新的精神，把中国的革命、建设、改革事业不断推向前进，使改革创新逐步凝结成为中国人民认可的时代精神核心。中国共产党从领导新民主主义革命开始，就勇于突破创新，坚持把马克思主义中国化，反对教条主义，确立实事求是的思想路线，找到中国革命的规律，形成了毛泽东思想，以此作为指导中国新民主主义革命胜利的思想武器。新民主主义革命胜利以后，中国共产党人重视在社会主义建设实践中的创新，坚持马克思主义基本原理的同时，没有照搬照抄苏联经验，初步探索社会主义建设道路，并为发展中国特色社会主义积累和提供了重要借鉴。改革开放以来，中国共产党人解放思想、坚持实事求是，带领中国人民进行改革开放的实践，开创了中国特色社会主义发展道路，提出改革创新对民族和国家发展的重要作用。中国共产党在理论和实践上大胆改革创新，在经济、政治、社会、文化、生态文明建设等方面不断变革，使中国特色社会主义事业取得了巨大成就。党在领导中国人民革命、建设和改革中不断坚持改革创新的理念，这对人们产生了巨大影响，极大地调动了人民群众建设社会主义的积极性、主动性和创造性，逐步形成全社会追求变革、奋发向上、敢于创造的进取风尚，改革创新成为时代精神的核心。改革开放以来，改革创新精神激励我国在各方面发展取得的成就举世瞩目，没有改革创新，社会就难以发展，时代就难以进步。如今，改革创新更是大势所趋、人心所向。改革是决定当代中国人命运的关键。全面深化的改革，让我们不再故步自封，奋起直追，解决发展中的现实问题，利用好发展机遇，实现中华民族的伟大复兴。创新是民族的灵魂，是引领发展的第一驱动力。创新可以让我们在新一轮科技革命和产业变革中抢占先机，可以加快实现经济强国的目标，实现经济持续健康发展。改革创新精神激发了人们革故鼎新的勇气，创新创造潜能，让人们更快接受新事物，敢于变革，敢于竞争，极大促进了人的全面发展。

改革创新广泛存在于社会主义建设的方方面面，有力推动经济、文化、社会、理论、生态文明、党的建设、制度、科技等各个领域的发展进步，高等教育发展同样需要改革创新的强大动力。改革创新是学校的灵魂，高等教育同样需要以改革创新的理念为先导，引领其他方面的改革创新，来不断推进学校发展和人才培养。缺少改革创新精神的教育，就像一潭死水，缺少灵性和活力，影响教育成效。在社会物质生活极为丰富的今天，如何进行思想政治教育是需要不断改革创新的，要根据不同的时代特征、社会背景、生活环境，不断对思想政治教育的内容、形式、方法、手段、环境和机制等方面改革创新，让受教育者尤其是大学生深切体会思想政治教育对其人生、事业乃至生活具有重大的指导意义，确保大学生的发展符合社会需要：使之面对各种困难和挑战时有慨然应战的勇气和百折不挠的意志品质；在面对挫折和暂时的失败时有充分的心理准备，不迷惘、不退缩，一往无前；使之明白自身的发展与国家和民族的整体进步和发展，荣辱相连、休戚与共；使之在面对利益诱惑时，不以触犯法律底线和丧失道德操守为代价，避免因蝇头小利跌入万劫不复的深渊，害人害己。高校思想政治教育的改革创新使其符合时代要求，满足大学生的实际需要，增强了工作时代感和实效性，促进了大学生的健康成长和全面发展。

四、坚持从传统文化中汲取养分的理念

习近平强调："中华传统文化源远流长、博大精深，中华民族形成和发展过程中产生的各种思想文化，记载了中华民族在长期奋斗中开展的精神活动、进行的理性思维、创造的文化成果，反映了中华民族的精神追求，其中最核心的内容已经成为中华民族最基本的文化基因。"[①] 新时代高校思想政治教育应从传统文化中汲取养分。

第一，要将民族坚忍性的理念贯穿高校铸魂育人的始终。坚忍就是"屈而后伸"，"忍"字包涵了观察自然规律，敢于挑战恶劣环境、努力生存的勇气。同时，坚忍也作为一种积极的心理状态存在，即不在一时一事上争长短。另外，坚忍还包括了中华民族坚持不懈达到目标的状态。孟子说："人之有德慧术知者，恒存乎疢疾。"（《孟子·尽心章句上·第十八节》）那些有德行、智慧、谋略、见识的人，多是因为他经常生活在艰难的环境之中。孟子认为，艰难困苦可以磨炼人坚强的意志，锻炼人的德行与智慧。"故天将降大任于是人也，必先苦其心志、劳其筋骨、饿其体肤、空乏其身，行拂乱其所为，所以动心忍性，曾益其所不能。"（《孟子·告子章句下·第十五节》）孟子强调，一个人要想成就一番事业，必然需要经历各种磨难，从而增加其不具备的能力。只有在艰难困苦中锻炼，才能坚定一个人的意志；在逆境中磨炼，才能增长一个人的能力，使之成才，取得成功。这段话成为千百年来鼓舞后人要有刚健品格，能够在困境中生存，能在艰苦中奋斗的励志名言。同时，孟子反对自暴自弃："自暴者，不可与有言也；自弃者，不可与有为也。"（《孟子·离娄章句上·第十节》）意思是说，跟自己糟蹋自己的人，没有什么好说的；跟自己抛弃自己的人，没有什么好做的。这是孟子对自暴自弃之人发出的慨叹。如果一个人不能自信、自强、自立，又怎能有所作为呢？表达了孟子激励人们在遭受挫折后要重新振作的思想。

拓展和大力加强传统文化教育，因时而进、因事而化、因势而新，从传统文化中汲取养分，把民族坚忍性的理念贯穿于思想政治教育的始终，是以铸魂育人为引领的高校思想政治教育改革创新的迫切需要。

第二，用自强不息、持之以恒的理念指导高校铸魂育人的开展。中国

---

① 习近平. 论党的宣传思想工作 [M]. 北京：中央文献出版社，2020：90.

传统文化中，自强不息的含义主要指，不惧艰难、持之以恒、坚定意志、刚健有为之意。中华民族推崇自强不息精神的思想，在古代典籍、诸子的思想中都有所体现。在《周易》这部被誉为中国传统思想文化根源，对后世各个领域都产生深远影响的重要典籍中，突出强调了自强不息精神的重要作用。"天行健，君子以自强不息"（《子夏易传·卷一·乾上乾下》），就是说，天道运行周而复始，永不停息，君子也应效仿天道刚健有力的品质，自觉进取、奋发图强、坚持不懈、永不停息。这句话是《周易》对君子应该具有自强的精神品质的集中概括，也成为后人勉励自己效法天道、奋发有为的警句。古代思想文化中对自强不息精神的理解如下。一方面，认为自强不息是刚健不屈、持之以恒的奋斗精神。"君子终日乾乾，夕惕若厉，无咎。"（《周易·乾卦》）意思是说，君子应当不懈努力奋斗，终日都不松懈，晚上也要保持戒备警醒，不疏忽大意，能一直保持这样，才不会有过失。这句话告诫人们做事要坚持不懈，努力拼搏，不仅能避免灾祸，还能扭转局势取得成功。"君子以言有物，而行有恒"（《子夏易传·卷四·离下巽上》），即君子应该注意自己的言行，言之有物，做事不可半途而废，应持之以恒。在孔子看来，刚健不屈的品格是君子应当具有的基本品质。子曰："刚、毅、木、讷近仁。"（《论语·子路篇》）这是孔子称颂人的四种品质，其中的"刚"就是指刚强不屈。孔子还用堆土成山为例，劝诫学生无论做学问还是提升道德品质，都应该自觉自愿，坚持不懈地去做。另一方面，认为自强不息是坚定意志、不畏艰难的刚健品格。古代思想家认为，自强不息是获得成功的关键。因为一个人学习、修身、治国的过程中都免不了遇到艰难险阻，能最终取得成功的关键在于能否坚持志向不动摇，能否不畏惧困难在艰苦中磨砺自己的才干。《周易·困卦》曰："险以说，困而不失其所，亨，其唯君子乎！"意思是说，君子在面对危险困难时，保持乐观的心态，处于穷困的条件下，坚定固守自己的志向和目标，还能够坚持自己的操守和追求。对此，孟子有更深刻的阐述。他认为，人要有志向，不受任何因素的影响，始终坚持自己的志向不动摇，这是能够有所作为的前提。"富贵不能淫，贫贱不能移，威武不能屈，此之谓大丈夫。"（《孟子·滕文公章句下·第二节》）财富地位、贫穷困苦和权势武力，都不能使一个人动摇、改变自己的志向，才称得上是大丈夫。这句充满豪情的话语，成为后人用来勉励自己立志的座右铭，表现了人坚守志向不动摇的高尚品质。"志以发言，言以出信，信以立志，参以定之。"（《左转·襄公·襄公二十七年》）立志是实现远大目标的基础，在明确志向指引下，才能朝向目标努力前行。古代圣贤认为坚定的远大志向，是人们奋斗不息，勇攀高峰，最终取得成功的重要前提。同时，他们也认为经历艰苦磨难，是成才成功的关键。张载的《西铭》中有云："贫贱忧戚，庸玉汝于成也。"说出了逆境更有助于人的成长成才的道理。艰难困苦的生活，可以磨炼人的意志，激发人的进取精神，能使人千锤百炼之后终有所成。这句话一直激励人们战胜艰苦磨难，不懈奋斗，走向成功。后世将这句话演变为"艰难困苦，玉汝于成"，成为流传于世的佳句。正是自古形成的自强不息精神，激励中华儿女不惧任何艰险困难，以顽强坚忍的意志、积极乐观的精神，不断奋斗进取，不但使自身成为强者，也促成了国家和民族的兴盛强大。大学生是国家培养的高级专业人才，是推动社会进步的栋梁之材，高校在培养大学生成才教育中，要培养大学生自强不息、持之以恒的意志品质，教育和引导大学生勤奋刻苦钻研专业知识，扎扎实实掌握专业技能。同时，在各方面锻炼和提高自己，坚持不懈，自强、自立、自信，树立远大的理想信念，注重自己的全面发展，努力使自己成为德智体美劳全面发展的社会主义建设者和接班人。

第三，以居安思危、常怀忧患之心的理念培养大学生的责任感。古代思想家认为人应该居安思危、未雨绸缪，有忧国忧民的忧患意识。一方面，古代思想中的忧患意识体现在对个人自身发展的重要性，激励人们即使身处安逸的环境中也不忘奋斗。子曰："人无远虑，必有近忧。"（《论语·卫灵公篇》）意思是说，如果没有长远打算，只顾眼前，在不远的将来就会有危机。孔子告诫人们要有忧患意识，做到未雨绸缪，不要只顾眼前的事物，而忘却了为将来奋斗。孟子的"生于忧患而死于安乐"（《孟子·告子章句下·第十五节》）是说，只有经常处在忧患之中，才能使人经受各种考验，使人发奋图强，因而也才能得以生存和发展；在安乐的环境中，就会安于现状、贪图享受而意志消沉，最终导致灭亡。"《书》曰：'居安思危。'思则有备，有备无患。"（《左传·襄公·襄公十二年》）提醒人们要事前做好充足准备，以避免祸患，说的也是这个道理。这些思想都充分说明了居安思危的重要性。另一方面，忧患意识还表现在古人对国家和百姓的担忧，激发古代仁人志士心系天下，以天下苍生、国家民族为己任的高度社会责任感。在古代思想家中，孔子和老子对忧国忧民思想论述较多，产生的影响也最为深远。孔子认为君子要能"修己以安人""修己以安百姓"（《论语·宪问篇》）。孔子认为君子不断修身的目的，就是要实现百姓安定。这种忧患、关心百姓的疾苦，为解决天下百姓困难而奋斗的思想，体现了儒家以天下为己任的价值追求，对后世影响深远。孔子还担忧民心，"自古皆有死，民无信不立。"（《论语·颜渊篇》）孔子认为一个国家如果失去百姓的信任，将难以为继。老子看到因连年征战，社会生产和百姓生活都受到严重破坏而深感痛心。他认为战争是统治者不知足所致，提出"知足常足"的观点。孟子反对统治者以民为敌，提出民本思想。他说："生于忧患而死于安乐。"（孟子·告子下）他认为忧患可以兴国，一个国家需要树立忧患意识，这样才能有防范意识，促进国家发展。欧阳修的"忧劳可以兴国，逸豫可以亡身"（《新五代史·列传·伶官传第二十五》）所讲的道理是一样的。无论是帝王将相还是庶民百姓，要想成就一番事业，就要有居安思危的意识和自立自强的精神，追求安逸享受而裹足不前是很难建功立业、有所作为的。忧患意识激发了仁人志士忧国忧民的历史责任感，让无数有识之士为国家为民族奋斗不止，甚至牺牲生命。

新时代大学生不仅应该有居安思危的意识，在安逸的环境中也不忘记勤奋刻苦、努力奋斗，使自己成长成才，还要有忧国忧民的高度社会责任感。新时代赋予了大学生新的时代责任与历史使命，大学生应该将个人同国家和民族紧密联系起来，同国家和民族同呼吸、共命运，深刻明白自己对于建设祖国所承担的责任和义务。大学生的个人价值体现为在各自研究的领域刻苦钻研、努力创新，自觉学习，用成绩回馈国家、社会和人民。无论是在什么领域，新时代的大学生都需要发奋图强，为科教兴国尽自己所能，不断提高自己，从点滴做起，从小事做起，以身作则，为国家兴旺发达竭尽所能，以正确的责任观和强烈的使命感积极投身于中国特色社会主义建设的伟大实践中。

第七章　以铸魂育人为引领创新教育方法

随着全球化、信息化时代的高速发展，以及我国全面深化改革的深入推进，社会价值观的选择呈现多元化趋势，这也进一步影响大学生思想特点和群体特征发生深刻的变化。大学生不仅在心理发展和生理发展方面具有独特的群体特征，而且在思维方式、行为方式、道德判断及价值观选择等方面发生了特别明显的变化。他们已经不再满足于接受一成不变、整齐划一式的思想政治教育方式方法。他们思想开放、视野开阔、善于表现、创造性强，更热衷于追求新思想和跟随新潮流。对个人生活和学习等各方面的独立自主性，使得他们的自我意识普遍增强。在全媒体时代，准确把握大学生思想行为特点及大学生思想品德形成发展规律是高校铸魂育人的基础和前提，这从客观上要求以铸魂育人为引领的高校思想政治教育方法要进行与时俱进、因势而新的完善与创新。只有紧密结合当前大学生思想行为特点及大学生思想品德形成发展规律，才能促使他们成为德智体美劳全面发展的高素质人才，才能使他们成为合格可靠的中国特色社会主义建设者和接班人。

第一节　　把握铸魂育人规律

一、思想灵魂的可塑性规律

在恩格斯看来，规律是自然界的普遍联系；在列宁看来，规律就是事物之间本质的联系。揭示规律就是把事物存在发展过程中具有普遍规定的本质联系揭示出来。高校铸魂育人作为马克思主义理论指导下开展的一项科学运动，当然也蕴含着需要揭示和遵循的教育规律。铸魂育人把人的思想灵魂作为教育对象，把人的思想灵魂的塑造和发展作为目标，把人的全面发展作为终极旨归。有人可能会说，铸魂育人作为一种意识形态活动，在更多形式上还是体现为思想教育活动，是对隐藏在人们行为背后思想灵魂的干预和塑造，完全不同于自然科学研究及其教育活动，能有什么规律可言。换言之，思想灵魂教育是否有规律可循可能在某些人那里还是个需要首先回答的前提性问题。如果不能解决思想灵魂具有可塑性这个前提问题，哪里还谈得上铸魂育人呢？那么，思想灵魂教育是否同自然界的其他事物存在发展那样有规律可循呢？马克思曾经说过："动物只是按照它所属的那个种的尺度和需要来构造，而人却懂得按照任何一个种的尺度来进行生产，并且懂得处处都把固有的尺度运用于对象；因此，人也按照美的规律来构造。"① 马克思说得很清楚，人构造自己、展开自己的生活是根据"美的规律"。这里的"美的规律"是对真、善、美诸多规律的泛指，是对"任何一个种的尺度"的概括。可见，能够揭示并运用规律来构造自己的生活、展开自己的活动，是人"有意识的生命活动"② 同动物的生命活动的根本区别。并且这里要特别强调的是，规律在主观思维和客观世界里是一致的。对此，恩格斯指出："我们的主观的思维和客观的世界遵循同一些规律，因而两者在其结果中最终不能互相矛盾，而必须彼此一致，这个事实绝对地支配着我们的整个理论思维。这个事实是我们的理论思维的本能的和无条件的前提。"③ 人的思想灵魂在形成发展过程中所遵循的规律同人们在物质生产活动中所遵循的规律具有一致性，这种一致性使得人们的精神生活规律具有被揭示和运用的前提可能。因此，针对人们思想灵魂开展的教育引导活动本身是有规律可循的，这不仅仅是因为社会教育实践活动具有规律，更是因为人们的思想灵魂形成发展本身具有规律。思想政治教育学中经常讲

---

① 中共中央马克思恩格斯列宁斯大林著作编译局. 马克思恩格斯选集（第一卷）[M]. 北京：人民出版社，2012：57.

② 中共中央马克思恩格斯列宁斯大林著作编译局. 马克思恩格斯选集（第一卷）[M]. 北京：人民出版社，2012：56.

③ 中共中央马克思恩格斯列宁斯大林著作编译局. 马克思恩格斯选集（第三卷）[M]. 北京：人民出版社，1995：364.

两条规律，一是人的思想品德形成发展规律，二是人的思想品德教育规律，就是在这个意义上提出来的。高校铸魂育人同样如此。习近平总书记对此有过多次论述，强调做好思想政治工作，必须"把握新形势下铸魂育人的特点和规律"①，"要按照已经认识到的规律来办，在实践中再加深对规律的认识，而不是脚踩西瓜皮，滑到哪里算哪里。"②

二、遵循思想政治教育规律

2013 年 5 月 4 日，习近平总书记在同各界优秀青年代表座谈时就明确指出："理想信念建立在对科学理论的理性认同上，建立在对历史规律的正确认识上，建立在对基本国情的准确把握上，……"③ 在 2016 年 12 月召开的全国高校思想政治工作会议上，习近平总书记正式提出了三个铸魂育人规律："做好高校思想政治工作，要因事而化、因时而进、因势而新。要遵循思想政治工作规律，遵循教书育人规律，遵循学生成长规律，不断提高工作能力和水平。"④ 关于思想政治工作规律，习近平指出："崇高信仰、坚定信念不会自发产生，要炼就'金刚不坏之身'，必须用科学理论武装头脑，不断培植我们的精神家园。……要把系统掌握马克思主义基本理论作为看家本领。"⑤ 知识的本质是概括，知识教育虽然不能直接变成观念教育，但却是人们思想观念形成发展的理性前提。离开了必要的系统的知识理论学习，人们的思想观念系统就会充斥偏见和成见，人们的思想观念系统就不能围绕一定的世界观、人生观和价值观进行思想灵魂构建。换言之，缺少了理性知识系统对人们思想灵魂构建的逻辑支撑，人们的思想灵魂构建就会陷入随意和感性，就容易被"神圣力量""神圣形象"和"非神圣形象"所误导，当然也就无法构建起符合高校铸魂育人总体要求的思想系统。习

---

① 习近平. 习近平谈治国理政（第二卷）[M]. 北京：外文出版社，2017：402.

② 中共中央文献研究室. 习近平关于全面深化改革论述摘编 [M]. 北京：中央文献出版社，2014：43.

③ 习近平. 习近平谈治国理政 [M]. 北京：外文出版社，2014：50.

④ 习近平. 习近平谈治国理政（第二卷）[M]. 北京：外文出版社，2017：378.

⑤ 中共中央文献研究室. 习近平关于全面从严治党论述摘编 [M]. 北京：中央文献出版社，2016：61.

近平总书记所说的坚定理想信念要"用科学的理论武装头脑"正是体现了这样一个铸魂育人规律。事实也正是如此，离开了对马克思主义理论的系统学习和准确掌握，我们很难说自己真正确立了马克思主义的信仰，很难说我们真正坚定了对社会主义和共产主义的崇高信念，因为我们很可能连什么是马克思主义、什么是社会主义、什么是共产主义这些前提概念都不能辨析和掌握。盲目的信仰相当于迷信，我们当然不希望用马克思主义理论铸魂育人的结果竟然是培养了一批盲目信仰马克思主义的追随者，这对于社会主义的科学发展百害而无一利，是需要坚决避免和克服的。认识规律、遵循规律，才能事半功倍；科学育人、铸魂育人，才能培养出合格的建设者和接班人，才能不断强基固本、凝心聚力，不断巩固马克思主义在意识形态领域指导思想地位，不断巩固全国各族人民团结奋斗的共同思想基础。

（一）遵循大学生成长规律，创新思想政治工作方法

从一定意义上讲，任何形式的教育都是教育者和受教育者的一种对话，一种平等的对话和相互理解。这就要求思想政治工作者放下传统的高高在上、盛气凌人的架子，放弃传统的"我说你听，我打你通"的灌输方式，要充分发挥作为思想政治教育客体的大学生自身的主体性，与他们建立朋友式的亲密关系，从思想、学习、日常生活等方面去关心他们、爱护他们、尊重他们、理解他们、引导他们。只有这样，学生才会敞开心扉，真正使学生做到"亲其师，信其道"。要着眼学生，把握"00后"大学生的一般特点及不同学生的思想实际，将总体"漫灌"与个体"滴灌"相结合，满足学生成长发展的需求与期待。[①]要鼓励思想政治理论课教师结合教学实际、针对学生思想和认知特点，积极探索行之有效的教学方法，自觉强化党的理论创新成果的学理阐释，努力实现思想政治理论课教学"配方"先进、"工艺"精湛、"包装"时尚。"我们既要旗帜鲜明地坚持灌输原则坚持用马克思主义中国化与中国化马克思主义理论成果来教育和武装当代大学生，又要摒弃传统的教条灌输。单一灌输、大一统灌输、单向灌输、强制灌输及灌而不导、一灌了之等错误做法，针对新时期当代大学生这一灌输

---

① 康秀云. 习近平高校思想政治工作重要论述论纲 [J]. 东北师大学报（哲学社会科学版），2019（02）：28-34.

客体的特点，不断创新灌输教育方法，努力提高理论灌输的针对性与时效性。"①要加大对优秀教学方法的推广力度，注重用"点"的经验带动"面"的提升。课堂教学方法创新要坚持以学生为主体，以教师为主导，加强生师互动，注重调动学生积极性、主动性。实践教学作为课堂教学的延伸拓展，重在帮助学生巩固课堂学习效果，深化对教学重点难点问题的理解和掌握。要制定实践教学大纲，整合实践教学资源，拓展实践教学形式，注重实践教学效果。

（二）遵循教书育人规律，创新思想政治工作形式

"教书育人规律主要是指学校教书和育人之间的内在统一关系。这个内在辩证关系表现在三个方面：教书是手段，育人是目的，教书归根结底是为了育人；育人是通过教书实现的，应该寓育人于教书之中；教书和育人密不可分，是同一过程的两个方面，教书中有育人的成分，育人中有教书的蕴含。"②高校思想政治教育工作者要注重马克思主义及其中国化最新理论成果的学习，将理论学习与实践运用紧密结合起来，紧紧围绕当前的理论热点、难点问题，着力把事情讲清楚、把问题讲明白、把原因讲透彻，增强理论解释的科学性、通俗性和透彻性。创新高校思想政治工作话语，重点在于运用青年喜闻乐见的表达方式感染人、引领人。就是用中国话语让"马克思说中国话"，用生活话语"让大专家说家常话"，用艺术话语"让基本原理变成生动原理"。③要组织高校学生自主学习马克思主义，充分发挥学生理论学习的主体作用。要结合思想政治理论课程学习，组织学生开展形式多样的活动，让学生围绕一些模糊认识在讨论中增进价值认同，增强理论自信。

（三）遵循思想政治工作规律，不断拓展教育内容

"思想政治工作的基本规律是指在马克思主义指导下，适应社会和人的全面发展的需要，通过社会教育、社会环境影响、社会实践活动、人的

① 毛璐. 高校思想政治教育与当代大学生政治社会化研究 [D]. 长沙：湖南师范大学，2014：103.
② 解慧娟. 高校思想政治工作三大规律与实践思考 [N]. 甘肃日报，2017-03-10.
③ 康秀云. 习近平高校思想政治工作重要论述论纲 [J]. 东北师大学报（哲学社会科学版），2019（02）：28-34.

自我修养，不断提高人的思想政治素质的循环反复的过程。"①当前世界范围内各种思想文化交流交融交锋更加频繁，如何发挥正能量，增强对重大理论和现实问题的阐释力，在多元中确立主导，给思想政治工作提出了新的挑战。高校思想政治教育工作者必须清醒地认识到社会思想意识更加多元多样多变，面对各种思潮和复杂的社会现象，如何运用马克思主义的立场观点方法在多样中求得共识，给思想政治教育工作提出了新的要求，同时也要求具备新的视野。所以，务必要坚持理论与实际相结合，注重发挥实践环节的育人功能，创新推动学生实践教学和教师实践研修。在新的历史条件下，实践教育作为高校开展思想政治教育的重要途径，在人才培养中发挥着越来越重要的作用。实践锻炼法是通过开展针对性的政治实践活动，从而改造当代大学生世界观，不断提高思想政治觉悟和认知能力，养成良好政治品德行为的方法。实践锻炼强调做中学、学中悟、悟中行，通过精心设计的项目激发大学生的种种思考与感悟，从而改变其行为方式。首先，社会实践能较好地使思想教育内容"活化"，从而被大学生潜移默化地接受。要以社会实践为载体，组织受教育者在实践中践行思想政治教育的内容，从而产生直接经验，更好地将教育内容"内化"。其次，社会实践能促进受教育者的自我教育并较好地实现教育和自我教育的统一。要把社会实践作为教育与自我教育相统一的重要形式。把思想政治教育的内容有机地融入活动中，并积极组织大学生参加各种活动及接受教育。而大学生在实践过程中，在受到感染并不知不觉接受的同时，又会自我鉴别、比较、判断、取舍，从而提高认识，使自己的言行向社会所要求的方向发展。最后，通过社会实践拓展思想政治教育的覆盖面。大学生在受到教育、使自己的思想道德素质提高的同时，又以自己的行动在感染、教育其他参与者或者未直接参加活动的人们，使教育面大大拓展。

---

① 解慧娟. 高校思想政治工作三大规律与实践思考 [N]. 甘肃日报，2017-03-10.

第二节　融入社会生活

一、铸魂育人与社会生活的关系

关于人和环境的关系，马克思指出："人创造了环境，同样，环境也创造人。"①铸魂育人同社会生活的关系同样如此，铸魂育人塑造社会生活，同时，社会生活也影响着铸魂育人，铸魂育人本身就构成了一个政党、民族、国家在一定时代的社会生活。铸魂育人要想真正对社会成员的思想灵魂施加影响、起到浸润心灵的教育引导效果，真正引导社会成员形成符合意识形态需要的世界观、人生观、价值观以及道德伦理原则，就必须融入社会成员的现实生活，把铸魂育人转化为社会成员的生活需要和生活选择，在社会成员的生活行动和现实改变中完成思想灵魂的引导并培育。正如著名教育家陶行知先生所言："教育的根本意义是生活之变化。生活无时不变，即生活无时不含有教育的意义。""是生活就是教育，不是生活的就不是教育，是好生活就是好教育，是坏生活就是坏教育。"②铸魂育人只有深刻嵌入社会生活，才能真正影响和塑造人们的思想灵魂。

任何思想灵魂的塑造都不单单是片段式情感的变化，从根本上讲是价值和信仰的塑造，后者的改变和塑造从一开始就是艰难的，因为任何值得委身和追随的价值和信仰，都是扎根于人们的生活本身的，或者至少它表现得同人们的社会生活融为一体。这就意味着，改变和塑造人们的价值和信仰，实质上就是改变和塑造另一种值得委身和追随的生活。涂尔干（E. Durkheim）曾经说过："真理是为人类的生活所确立的。"③"信仰要靠行动来表达：不能带来行动的信仰是不存在的，行动也必须表现出构成行动的信仰的特征。信仰状态是一种平静的状态，一种安稳的状态，这也是我

---

① 中共中央马克思恩格斯列宁斯大林著作编译局. 马克思恩格斯选集（第一卷）[M]. 北京：人民出版社，2012：172-173.

② 董宝良. 陶行知教育论著选 [M]. 北京：人民教育出版社，1991：390.

③ 爱弥尔·涂尔干. 实用主义与社会学 [M]. 渠东，译. 上海：上海世纪出版集团，2005：33.

们追求它的原因。因此，信仰的根本标志就是'确立一种习惯……我们的习惯与我们的行动有相同的特点，我们的信仰与我们的习惯也是相同的，我们的概念与信仰亦如此'。所以，怀疑带来了观念，观念引发了行动，并拥有信仰，而且通过有组织的活动，也就是习惯把观念表达出来。观念的全部意义可以在它所决定的习惯的意义中找到。"[1] 改变信仰就是改变生活，塑造观念就是把支撑和体现这种观念的生活变为习惯。在这一点上，马克思的说法更加直接："旧思想的瓦解是同旧生活条件的瓦解步调一致的。"[2] 高校铸魂育人面临着不同于以往任何时期的社会生活条件，人们的经济生活、政治生活、文化生活、精神生活、情感生活、网络生活等都发生了深刻变化，并不时涌现出新的生活形态和生活理念。我们经常面对铸魂育人在理论和实践关系上"两张皮"的现实，无计可施，说到底还是因为我们的理论研究、教育影响没有实现对今天中国人现实生活的真正理解和深刻嵌入，还是因为我们的理论教育高悬于生活之上、游离于需要之外、落后于人之发展。因此，习近平总书记在全国宣传思想工作会议上强调："没有人民生活不断改善，空谈理想信念，空谈党的领导，空谈社会主义制度优越性，空谈思想道德建设，最终意识形态工作难以取得好的成效。"[3] 推进当代中国铸魂育人，要立足丰富人民精神生活，要着眼于改善和发展人民的现实生活，要聚焦让每个人共享人生出彩的机会，要嵌入中国特色社会主义建设的火热实践中。

关于铸魂育人融入社会生活这个总的方法论要求，习近平总书记围绕中国梦宣传教育、社会主义核心价值观培育践行等都发表过诸多论述。中国梦是一种形象的表达，是一种为群众易于接受的表述，确立了鼓舞人心的奋斗目标，昭示了党和国家的美好前景。对中国梦的宣传教育，注意不要概念化、不要固化、不要庸俗化、不要好高骛远。中国梦的宣传和阐释，要与当代中国价值观念紧密结合起来。中国梦的提出本身就是当代中国铸

---

① 爱弥尔·涂尔干. 实用主义与社会学 [M]. 渠东，译. 上海：上海世纪出版集团，2005：8-9.

② 中共中央马克思恩格斯列宁斯大林著作编译局. 马克思恩格斯选集（第一卷）[M]. 北京：人民出版社，2012：420.

③ 中共中央文献研究室编. 习近平关于社会主义经济建设论述摘编 [M]. 北京：中央文献出版社，2017：5.

魂育人贴近群众实际、融入社会生活、紧跟时代发展的成功话语创新。只有把中国梦的宣传教育贯穿中国特色社会主义建设全过程，渗透到当代中国人民社会生活各方面，才能把好事办好、才能让全体华人追梦圆梦。关于社会主义核心价值观铸魂育人的生活融入问题，习近平强调："要利用各种时机和场合，形成有利于培育和弘扬社会主义核心价值观的生活情景和社会氛围，使核心价值观的影响像空气一样无所不在、无时不有。"① "要注意把社会主义核心价值观日常化、具体化、形象化、生活化，使每个人都能感知它、领悟它，内化为精神追求，外化为实际行动，做到明大德、守公德、严私德。"② 习近平总书记提出的这个经典论断，核心在于强调要把社会主义核心价值观融入社会生活，让抽象的价值观念成为指导和规范人们现实日常生活的观念遵循。价值观作为人们思想灵魂的核心构成要素，主要构成了人们对现实社会生活的评价和选择，包括对自己与社会关系、社会发展道路和理想目标的评价与选择，因而任何价值观其实都是关于人们生活于世的反思与评判。如果一种价值观不能体现人们的现实社会生活，那么这种价值观注定会成为空洞说教，注定会被搁置脑后。社会主义核心价值观同样如此，虽然它是在当代中国经济社会发展和当代中国文化建设过程中逐渐形成、凝练出来的具有普遍群众基础的价值共识，但它作为核心性的价值理念和价值观念，毕竟还是一种抽象的价值范畴。尽管这种抽象仅仅是理论构造和观念形态上的抽象，而不是价值内核和价值本质的抽象，要成为人民群众的观念共识和价值遵循，就必须体现在人民群众的生活实际中，就必须体现在人民群众的生活追求中，就必须体现在当代中国人民的生活环境中。在此意义上讲，习近平总书记强调社会主义核心价值观嵌入社会生活是深刻而睿智的，非如此社会主义核心价值观不能进入人们的生活视野，也就不能进脑、入心和化行了。当代美国哲学家路德·宾克莱（L. Binkley）曾经说过："一个人在对他能够委身的价值进行探索时，要遇到许多竞相争取他信从的理想，他若要使这种探索得到满足，就必须对各种理想有所了解。""一个人除非对供他选择的种种生活方向有所了解，

---

① 习近平. 习近平谈治国理政 [M]. 北京：外文出版社，2014：165.

② 中共中央文献研究室. 习近平关于社会主义文化建设论述摘编 [M]. 北京：中央文献出版社，2017：118.

否则他不可能理智地委身于一种生活方式。"[①]社会主义核心价值观要想成为人们的内心追求和行为自觉，要想成为引领当代中国人民团结奋斗的最大价值公约数，要想成为每个中国人在自己现实生活中都追寻和坚持的价值原则，就必须首先融入中国人民的现实生活，使人民了解正在经历或将要达成生活背后的价值支撑和精神能量，把自己的生活、命运同这种价值信念熔铸在一起，从而把自己的梦想、命运同党和国家乃至民族的梦想与命运熔铸在一起。因此，推进高校铸魂育人，首要事宜就是要深刻理解当代中国人民的真实生活，革新观念、创新手段、培养队伍，想方设法地把铸魂育人融入当代中国的国民生活和国家生活，真正做到有人的地方就有生活的关怀，有生活的地方就有铸魂育人。

二、合理使用并创新铸魂育人的方式方法

（一）实践体验法

理论源于实践，且理论只有根植于实践中才具有强大的生命力。在思想政治理论课教学过程中，教师要将学科知识和铸魂育人内容相结合，既要重视传统的教学方式，更要注重体验教学和交流反馈，即在知识传授的基础下，通过场景模拟、案例分析、小组讨论等方法，以交流反馈的形式把理论知识导出，不断激发知识理论内化的动力，帮助学生准确地理解教学内容，培养学生的创新能力和思维创造性。在教学过程中，还要注重课堂内外的配合，让抽象的理论在实践中具体化，适当增加实践教学课时，丰富实践活动内容，实现以室内的理论指导室外的实践并以室外的实践印证室内的理论，即用铸魂育人的内容指导室外的实践，以室外实践印证铸魂育人的内容，这更能扩展学生的知识体系和解决问题的能力，让学生在实践中实现自我教育，不断推动自我完善和自我发展。

（二）理论到思想转化的相关方法

冯契先生指出："要化为思想方法，贯彻于自己的活动、自己的研究

---

① L. J. 宾克莱. 理想的冲突 [M]. 北京：商务印书馆，1984：6.

领域。"① 也就是要把铸魂育人转化为自己的研究方法。人的认识是一个从无到有的过程。"理论学习并不能为你的行动提供具体的方案，但学习相关的理论后，你自己就会明白已经有前行者为你提供了可资借鉴的方案，或者你自己也可以结合当时的实际，找到解决问题的行动路线图。"② 只有化理论为方法，才能使知识内容转化为人的意志和力量，转化为改变现实世界的物质力量。

高校铸魂育人的化理论为方法就是通过思想政治理论课教学，让学生通过马克思主义的方法论去分析时事、解决问题，把价值观和中国精神中蕴含的原理和观点运用到实践中来，将其转化为具体的思维方法和实践方法。因此，将化理论为方法运用到高校铸魂育人中，不仅是马克思主义理论本身的内在要求，也是思想政治理论课的一种教学新方式。

（三）思想境界提升相关的方法

教师的思想境界反映的是精神境界，是时代精神风貌的体现，每一位思想政治理论课教师要投入社会生活，进行实践教育，通过自己的职业素质去践行铸魂育人的主张。思想政治理论课教师要把握生活中的新现象和社会现实出现的新问题，把握时代脉搏，洞悉社会发展规律，积极投身社会实践中去，提升思想政治理论课价值和功能。思想政治理论课教师在进行铸魂育人教育过程中要高举习近平新时代中国特色社会主义思想伟大旗帜，将其体现在理论教育及实践活动之中，从学生的日常生活吸收灵感、寻找教育素材，以轻松活泼的教育方式铸造学生的精神家园。比如：可以组织学生参观历史博物馆、瞻仰烈士陵园或重游革命纪念地等实践活动，还可以进行社会志愿活动的组织，等等。只有切身贴近社会现实、深入进行社会调查，学生才能从实践中领悟自身的价值，拥有自身的价值体系和自主思考的能力，从而把理论转化为行动，把行动渗透到习惯，最终深化为人生领悟。

---

① 冯契. 认识世界和认识自己 [M]. 上海：上海人民出版社，2011：20.

② 孙士杰. 党校教育创新论 [M]. 济南：山东人民出版社，2011：1.

三、积极开展实践教育，开发好铸魂育人的第二课堂

（一）建立健全实践体系，促进大学生与社会的融合

随着人民生活条件的提高和社会的发展，如今生活越来越便捷，大学生接触社会的机会越来越少，从事社会实践的机会少之又少，大学生走进人民群众、到群众中去体验生活更是特别少，这样就不利于大学生"三观"的塑造和培养。此外，有部分家长错误地认为大学生社会实践活动浪费大学生的学习时间，而且会影响大学生的学习成绩，特别不利于大学生的成长成才。倘若不从根本上去解决这个问题，那么这个问题将会从根本上影响大学生社会实践活动。所以，高校应该把大学生实践活动作为一门必修课纳入教学计划和考核范围，同时建立健全符合大学生发展并且能够激励大学生积极参加社会实践活动的考核评价机制。高校还应该不断为大学生打造更多的社会实践平台并扩宽社会实践的渠道，争取为每一位大学生都提供参加社会实践活动的机会，促进大学生与社会的接触与融合，让大学生走进社会、走进人民群众，使大学生树立正确的、科学的"三观"。

（二）广泛开展实践教育，提升大学生的实践能力

社会实践活动是高校进行大学生思想政治教育的又一重要途径，也是大学生思想政治教育的重要基础。应坚持从社会实践做起，加强大学生思想政治教育加强，筑牢大学生思想之基。要积极开展大学生走基层调研活动。如带领大学生走基层农村，领会农村的风情意蕴，体味农村的艰苦生活，让大学生充分感受农村的气息，真切体会农村生活，感受近年来农村生活的发展进步，回味农村发展的进程。通过活动，培养出具有艰苦奋斗精神和吃苦耐劳优良品质的新时代大学生。同时，要坚定中国特色社会主义的理论自信、道路自信和制度自信，坚定为中国特色社会主义事业奋斗终身的决心。要广泛开展大学生志愿服务活动，使大学生在校园内感受到思想政治教育的重要性和关键性，增强大学生思想政治意识。要在全社会开展大学生志愿服务活动，在社会志愿活动中陶冶大学生的情操，增强大学生的主人翁意识和为人民服务的意识，让大学生与人民群众紧密接触和融合，帮助大学生亲身体验自己在社会中的自我价值和社会价值，从而树立正确

的人生观，同时将思想政治教育提升到重要的关键的地位。

第三节　全程、全员、全方位铸魂育人

以习近平新时代中国特色社会主义思想铸魂育人为引领，加强高校思想政治教育，必须形成高校全员、全程、全方位育人机制。要坚持铸魂育人的内容贯穿于思想政治教育的全过程，构建"三全育人"体系，创新我国高等教育事业发展的新局面。高校要紧紧围绕铸魂育人要求，把习近平新时代中国特色社会主义思想融入文化知识教育、思想道德教育、社会实践教育各环节，把铸魂育人贯穿教育教学全过程，形成高校全员、全程、全方位育人机制。

一、"三全育人"机制的意义

"三全育人"机制在高校思想政治教育中发挥着不可替代的作用，有助于提升高校铸魂育人的实效性，有利于适应社会主要矛盾变化的复杂性，能够满足大学生自由、全面、协调发展的迫切要求。

（一）提升高校思想政治教育工作的实效性

新时代，国内外形势日益复杂，社会利益冲突日益凸显，大学生的思想行为变化日益复杂。大学生的价值观不成熟，辨别能力有待增强，容易受到外界不良环境的影响。随着我国改革开放不断向纵深发展，网络不良信息、西方社会思潮、落后思想文化等因素冲击新时代大学生已有的思想观念，动摇其理想信念。目前，我国高校的核心问题是培养什么样的人，为谁培养，如何培养人。如何引导大学生树立正确的思想观念，形成良好的行为习惯，是新时代高校铸魂育人的核心问题。"三全育人"机制从育人主体维度、时间维度、空间维度不断优化高校铸魂育人过程，提升了高校思想政治教育工作的实效性。

1. "三全育人"是加强高校思想政治工作实效性的有效保障

客观而言，随着互联网时代的高速发展，高校学生的思想、行为、生活复杂化的趋向日益明显，价值取向呈现多元性和不稳定性的特点，传统的专任教师管授课、辅导员班主任等管生活的学生工作模式因责任不明确已难以有效兼顾全体学生。专任教师的教学能够开拓学生的理论视野和阅历，提升专业技能，却常常缺乏师生之间真挚的交流，难以打动学生的心灵；班主任班级工作目标明确，却常常因为责任意识淡漠导致工作效果参差不齐；辅导员责任重大，却常常因为配置不足、工作烦琐而对部分学生"选择性"忽视。探索高校"三全育人"机制，让教师围绕学生充分发挥传道—授业—解惑的三维功能，力求学生工作无盲区，提高学生思想政治教育工作的针对性和实效性，最终实现学生的成长成才。

2. 整合教师资源，发挥教育合力

一方面，改变目前高校普遍存在的专业教学、教学管理、学生工作各自为战、条块分割的窘况。通过构建高校"三全育人"机制合理配置管理干部队伍、学工队伍、教科研队伍和工勤队伍，既能够加深教师之间的了解与沟通，还能够切实发挥教育合力。"三全育人"不仅适用于学生工作，还能够和专业学习、顶岗实习、专业实训、创新创业、学生就业等工作相互融通，切实整合教育教学资源。另一方面，"三全育人"是解决高校师生比失调的有效方法。目前，高校师生比大都是一个教师对应二三十个学生甚至更多，很多学生在大学生涯甚至和老师都难有一个有效的交流。倡导"三全育人"，其目标指向是育人为本，充分调动学校能够调动的一切教育教学资源。同一学生在大学生涯全程可以接受多位老师的学业引导，通过对学生思想引导、学业辅导、心理疏导、生活指导，能最大程度地实现学生"技""德"双赢。

3. "三全育人"是提升大学生人才培养质量的有效探索

从高校发展的角度而言，"三全育人"注重整体功能，强调各个部门和岗位协同育人，要求部门之间去形式主义，是提升人才培养质量的"黏合剂"和"催化剂"；从师资队伍建设的角度而言，通过"三全育人"激发教师的责任意识，改变了以往任课教师只"教"不"导"的状况，"倒逼"教师通过更多的学生工作激发自身潜力和提升综合职业素养；从学生成才的角度而言，实施"三全育人"让学生更加了解和信任教师，在学习和生活期间遭遇的种种窘况和困境，全程有多位通过学校制度明确的"导师"帮助解决，不仅从学业上获得了进步，更是在人格上受到影响，能够在教师引导、关爱中充分成长成才。

（二）满足大学生自由全面发展的需要

在当今社会，国际竞争的核心是人才竞争。个人的协调发展是社会全面发展的前提和基础。高校的主要职责是为社会培养全面发展的人。"三全育人"既是对当下育人项目、载体、资源的整合，更是对长远育人格局、体系、标准的重新建构，为办好中国特色社会主义大学、培养德智体美劳全面发展的社会主义建设者和接班人贡献力量。人的发展程度直接关系到国家富强、民族复兴、人民幸福。"三全育人"将思想政治教育过程贯穿于大学生学习、生活过程，意在增强大学生的理论知识素养，提升大学生的思想政治素质，塑造良好的政治行为，促进大学生自由全面发展，为建设社会主义现代化事业培养全面素质型人才。

一是在道德理想信念方面，能够引导新时代大学生树立对真、善、美的追求，在实践自己的理想信念过程中注重提高自己的道德品质，坚定对伟大人格的向往和追求。当前国际、国内形势剧烈变化，不同的思想意识形态相互碰撞交流，在这种复杂的形势下成长起来的新时代大学生在接受中国传统道德文化熏陶的同时，也不可避免地受到外来文化、价值观念的影响。如果不能正确地处理好这两个方面的关系，将会产生思想道德混乱，不能正确地认知社会上出现的不符合道德要求的现象，因此，要注重引导学生用辩证的眼光看待各种文化思潮，构建与社会发展、国家进步相适应的道德规范，并在树立内在道德要求的基础上在现实中加以实践，实现知行合一。①

二是在生活理想信念方面，能够引导新时代大学生树立正确的人生观，形成积极向上、奋发有为的生活理想信念。一方面，要认识到大学生追求物质生活的合理性，其对衣食住行等方面的需要是应有的，也是符合理想

① 刘西华. "90后"大学生理想信念现状与教育对策研究——以 S 大学为例 [D]. 济南: 山东大学，2013：169.

信念的形成从低层次到高层次的发展规律的，但也应注意对其物质追求进行科学的引导，以避免其出现物欲化的倾向；另一方面，在物质生活得到满足的情况下注重提高自己的精神境界，认识到人的生活中不仅仅是物质生活，同时还存在着精神生活，探索自己的人生意义和生存价值，提高自己的生命质量。在生活理想信念教育中，要通过开不同形式的活动，激发学生的热情，充实学生的日常生活，避免因为整天无所事事而变得颓废、浪费光阴。

首先，要培养勤奋刻苦的奋斗精神。大学是培养社会所需的德才兼备的各类人才的高等学府，大学阶段又是青年人学习的黄金时期。大学生最首要的任务是掌握知识和形成良好的思想道德品质，并且良好的思想道德品质是大学生学好本领的精神动力和保障。勤奋刻苦学习的品质能帮助大学生锻炼本领、增长才干，给自己插上实现梦想的翅膀，所以，刻苦勤奋是大学生完成其首要任务的重要品质。

其次，要培养朴实简约的优良作风。朴实简约的优良作风，就是反对铺张浪费和奢靡享乐，要做到"俭以养德"（三国·诸葛亮《诫子书》），帮助大学生涵养高尚的品德，为自己的成长打下坚实的基础。新时代的大学生树立节约节俭意识和养成节约、合理消费习惯是十分必要的。这是传承中华民族传统美德的需要；是国情和实现可持续发展的需要；是大学生形成良好习惯和成才的需要。

最后，要培养不畏艰难的意志品质。无论是在大学的学习生活，还是未来的社会生活中，大学生的学习成长过程中都将遇到多样的困难和未知的阻碍。大学生只有有了坚定的信念，才能不被困难打倒，最终走向成功。在完成一项任务或达到一个目标时，大学生离不开艰苦奋斗精神为支撑，因为这种顽强的意志可以激励大学生克服、战胜或超越遇到任何的困难和阻碍。[①]

三是在职业理想信念方面，能够引导大学生以理性务实的态度面对职业选择、职业规划及工作内容。一个人的职业体现了其人生的价值，更对其他理想信念的形成有着连接统筹的作用。在当前严峻的就业形势下，新

---

① 张颖. 新时代大学生艰苦奋斗精神教育研究 [D]. 长春：东北师范大学，2018：98.

时代大学生由于阅历的不足不能对自己的人生有一个正确的定位，虽然他们十分关注自己的职业理想信念，但是在确立的过程中对自己的定位缺乏正确的把握，再加上社会上一些不良现象的诱导，很容易在选择职业时产生困惑。在大学生对自身的职业选择有准确定位的基础上，应该引导其通过主观的行动来实现职业和社会需求的平衡，在可以满足自身职业基本要求的基础上去祖国最需要的地方、投身于祖国最需要的行业，服务国家的发展；同时，应不断纠正自己的职业价值观，明白职业的意义不仅仅是实现自身价值、获得物质生活的保障，同时也是服务他人，造福社会，进而树立崇高的职业理想信念，以马克思主义者的态度为追求人类的幸福而前进。

二、构建全员、全程、全方位铸魂育人机制

（一）全员铸魂育人机制

全员铸魂育人，主要是指由学校的全体教职工形成合力育人的机制，包括专、兼职辅导员、班主任、党政团管理干部、思政课专业教师、专业教师、图书馆工作人员、后勤服务人员、安全保卫人员等。全员育人强调的是"全员"，改变了以往的思政工作是辅导员的分内事这一传统看法，强调的是在学校的各个岗位、各个环节为学生服务的过程中，将思想政治教育潜移默化地融入其中，达到"润物无声"。此外，全员育人还将范围外延至家庭和社会。家庭教育在大学生成长成才的过程中一直发挥着重要的作用，直接影响其未来的职业规划。社会影响主要体现在校外知名人士、优秀校友的现身说法等。通过他们的榜样示范，能够影响大学生世界观、人生观和职业观的形成。

全员育人主要是对育人主体而言，强调每个人都要有育人意识，树立起育人责任感，在自己的本职工作上发挥育人的职能，并且相互配合，交叉合作，形成一股强大的育人合力，构建完整、全面、和谐的大学生思想政治教育工作体系和格局。这里的"全员"主要指高校的全体教职员工。笔者认为，新时代高校的"全员育人"主要体现在管理育人、组织育人和服务育人等三个方面。

1. 管理育人体系

《高校思想政治工作质量提升工程实施纲要》提出，把规范管理的严格要求和春风化雨、润物无声的教育方式结合起来，加强教育立法，遵守大学章程，完善校规校纪，健全自律公约，加强法治教育，全面推进依法治教，促进教育治理能力和治理体系现代化，强化科学管理对道德的保障功能，大力营造治理有方、管理到位、风清气正的育人环境。管理育人的主要内容具体包括：完善教育法律法规体系，加快制（修）订教育规章，保障师生员工合法权益；健全依法治校、管理育人制度体系，结合大学章程、校规校纪、自律公约修订完善，研究梳理高校各管理岗位的育人元素，编制岗位说明书，明确管理育人的内容和路径，丰富完善不同岗位、不同群体公约体系，引导师生培育自觉、强化自律；加强干部队伍管理，按照社会主义政治家、教育家要求和好干部标准，选好配强各级领导干部和领导班子，制定管理干部培训五年规划，提高各类管理干部育人能力；加强教师队伍管理，严把教师聘用、人才引进政治考核关，依法依规加大对各类违反师德和学术不端行为查处力度，及时纠正不良倾向和问题；加强经费使用管理，科学编制经费预算，确保教育经费投入的育人导向；强化保障功能，健全依法治校评价指标体系，深入开展依法治校创建活动；把育人功能发挥纳入管理岗位考核评价范围，作为评奖评优条件；培育一批'管理育人示范岗'，引导管理干部用良好的管理模式和管理行为影响和培养学生。①

2. 组织育人体系

《高校思想政治工作质量提升工程实施纲要》指出，把组织建设与教育引领结合起来，强化高校各类组织的育人职责，增强工作活力、促进工作创新、扩大工作覆盖、提高辐射能力，发挥高校党委领导核心作用、院（系）党组织政治核心作用和基层党支部战斗堡垒作用，发挥工会、共青团、学生会、学生社团等组织的联系服务、团结凝聚师生的桥梁纽带作用，把思想政治教育贯穿各项工作和活动，促进师生全面发展。主要内容有：发挥各级党组织的育人保障功能，进一步理顺高校党委的领导体制机制，

① 中共教育部党组关于印发《高校思想政治工作质量提升工程实施纲要》的通知_中华人民共和国教育部政府网站 [EB/OL].（2017-12-02）[2022-11-10]. http://moe.gov.cn/srcsite/A12/s7060/201712/t20171206_320698.html.

明确高校党委职责和决策机制，健全和完善高校党委领导下的校长负责制，推动学校各级党组织自觉担负起管党治党、办学治校、育人育才的主体责任；启动实施高校党建工作评估，全面推开校、院（系）党组织书记抓基层党建述职评议；实施教师党支部书记"双带头人"培育工程，分中央和地方两级开展示范培训；实施"高校基层党建对标争先计划"，开展"不忘初心、牢记使命"主题教育，遴选培育全国百个院（系）党建工作标杆，培育建设一批先进基层党组织，培养选树一批优秀共产党员、优秀党务工作者，创建示范性网上党建园地，推选展示一批党的建设优秀工作案例；发挥各类群团组织的育人纽带功能，推动工会、共青团、学生会等群团组织创新组织动员、引领教育的载体与形式，更好地代表师生、团结师生、服务师生，支持各类师生社团开展主题鲜明、健康有益、丰富多彩的活动，充分发挥教研室、学术梯队、班级、宿舍在师生成长中的凝聚、引导、服务作用；培育建设一批文明社团、文明班级、文明宿舍。①

3. 服务育人体系

《高校思想政治工作质量提升工程实施纲要》提出，把解决实际问题与解决思想问题结合起来，围绕师生、关照师生、服务师生，把握师生成长发展需要，提供靶向服务，增强供给能力，积极帮助解决师生工作学习中的合理诉求，在关心人、帮助人、服务人中教育人、引导人。具体包括：强化育人要求，研究梳理各类服务岗位所承载的育人功能，并作为工作的职责要求，体现在聘用、培训、考核等各环节；明确育人职能，在后勤保障服务中，持续开展"节粮节水节电""节能宣传周"等主题教育，推动高校节约型校园建设建档，大力建设绿色校园，实施后勤员工素质提升计划，切实提高后勤保障水平和服务育人能力；在图书资料服务中，建设文献信息资源体系和服务体系，优化服务空间，注重用户体验，提高馆藏利用率和服务效率，开展信息素质教育，引导师生尊重和保护知识产权，维护信息安全；在医疗卫生服务中，制订健康教育教学计划，开展传染病预防、安全应急与急救等专题健康教育活动，培养师生公共卫生意识和卫生

① 中共教育部党组关于印发《高校思想政治工作质量提升工程实施纲要》的通知_中华人民共和国教育部政府网站 [EB/OL].（2017-12-06）[2022-11-10]. http://moe. gov. cn/srcsite/A12/s7060/201712/t20171206_320698. html.

行为习惯；在安全保卫服务中，加强人防物防技防建设，全面开展安全教育，提高安保效能，培养师生安全意识和法制观念；增强供给能力，建设校园综合信息服务系统，充分满足师生学习、生活、工作中的合理需求；加强监督考核，落实服务目标责任制，把服务质量和育人效果作为评价服务岗位效能的依据和标准；选树一批服务育人先进典型模范，培育一批高校"服务育人示范岗"。①

（二）全过程铸魂育人机制

全过程铸魂育人要求高校必须将思想政治教育贯穿学生成长的全部过程，并且在不同的时期，实施不同的教育内容，从而使思想政治教育更有针对性，更能取得预期效果。全过程育人包含了两层意思：一是从时间上体现了高校大学生在校期间接受思想政治教育的完整性；二是从接受教育的方式上体现了实施教育的完整性，即从传统的课程育人，延伸到科研育人和实践育人。全过程育人的重点在于将理论素养外化于科研活动和实践操作，以理论联系实际的原则为指导，更好地凸显思想政治教育所发挥的作用。

推进高校全过程育人机制创新，提升大学生思想政治教育质量，是高校思想政治教育适应国内外形势发展变化的迫切需要，也是适应高等教育内涵发展的必然要求，更是办好人民满意的教育和履行好立德树人这一根本任务的重要举措。课程创新、科研改进和实践发展充分体现了"三全育人"机制中全过程育人的整体性、协调性、平衡性、包容性、可持续性，既对传统发展理念进行革新升级，又对现代发展内涵进行全面提升、对现代发展外延予以全方位拓展。因此，推进高校全过程育人机制的运行，有效提升大学生思想政治教育质量，需要把以下三个方面作为基本遵循。

1. 以课程创新为动力

课程创新是确保高校全过程育人生命力的有效手段。高校全过程育人就是以促进青年学生健康成长成才为价值追求，以实践活动为载体的教育

---

① 中共教育部党组关于印发《高校思想政治工作质量提升工程实施纲要》的通知 _ 中华人民共和国教育部政府网站 [EB/OL].（2017-12-06）[2022-11-10. http: //moe. gov. cn/srcsite/A12/s7060/201712/t20171206_320698. html.

活动，其最终目的是促进青年学生的全面可持续发展，其根本任务是培养能担当民族复兴大任的中国特色社会主义可靠接班人和合格建设者。这就要求高校思想政治教育工作者与时俱进，要善于在深刻总结经验教训的基础上，根据因时而进、因势而新的发展要求，创新课程的内容、载体、方式方法，不断健全和完善全过程育人机制，形成科学、系统、完整的全过程育人体系；通过理念转变、理论创新、制度创新、方法创新和体制机制创新等引领高校全过程育人工作的创新发展，有效促进大学生思想政治教育质量的提升。其中，需要把握三个原则：一是创新的方向和灵魂不能变，即坚持中国特色社会主义的道路、制度和理论体系不能变。高校全过程育人的创新要牢牢把握立德树人这一根本任务，出实招、求实效，将提升育人质量作为全过程育人创新发展的出发点和落脚点。创新不是否定或推倒重来，而是对实然的审视和对应然的执着，是在继承中创新。二是创新的目的是促进高校全过程育人工作的超越和深化。高校全过程育人的创新发展在于如何有效激发教育主体的积极性，既要促进高校思想政治理论课教师对课程进行深刻解读和理念提升，又要促进高校思想政治教育工作者根据时代、教育对象和教育环境的变化，不断更新教育理念、丰富教育内容、改进教育方式、创新教育手段和载体，突破现有的瓶颈，实现教育的深化与超越。三是创新的动力来自群众。创新发展依靠的不是某个个体，也不仅仅是高校辅导员或学生干部，而是来自群众，来自广大高校思想政治教育工作者和青年学生，要充分调动教育者和受教育者的主体性、能动性，让一切有利于大学生成长的智慧充分涌动。

2. 以科研改进为指引

高校全过程育人是一项协同育人工程，实现科研改进是高校全过程育人运行过程中的机制要求。高校的科研工作要求整合各方资源，注重发展的整体效能，避免发展中的"木桶效应"。这就要求高校全过程育人工作要注重科研活动的全面性、系统性、协调性。因此，高校科研工作需要以协调发展理念为引领，积极构建和完善协同育人机制。一是高校科研的各项工作应该目标同向、部署同步、整体谋划、系统推进。要遵循协同育人的原则，加强学校内外全过程育人力量、实践主体之间的协同；既有校内各部门、各育人平台之间的协同，也有学校与学校之间，学校与政府、企事业、科研院所等部门单位之间的协同；既有科研实践单位之间的协同，也有科研实践主体之间的协同。二是统筹整合各方资源和力量，在科研工作队伍、工作平台、工作载体、工作渠道等多方面协同合作，形成多部门、多渠道育人合力。统筹协调育人格局中其他要素，与实践载体有机结合起来，充分调动各个要素的积极性、主动性和创造性，形成育人长效机制。三是补齐科研育人的"短板"，瞄准薄弱环节，精准发力，实现突破。协调发展并不是强调齐头并进、同步同速，而是要把握高校科研育人的发展规律和学生成长的实际情况，掌握发展节奏，宜快则快、宜慢则慢，关键是要有序、联动、协同，实现整体效能最大化。

3. 以实践发展为目的

实践发展是高校全过程育人的本质要求。用实践发展理念引领高校全过程育人质量提升，重在解决好由谁实践、实践什么、怎么实践三个基本问题。"由谁实践"指的是高校全过程育人的发展成果应由哪些人来实践，即实践的主体是什么。从我国现有的教育体制看，高校实践育人主体至少应包括政府、企事业、学校、教育者、学生、家庭和社会等。高等教育的根本目的是向社会输送高质量的人才资源，满足社会发展的人才需要，推动社会的进步与发展。高校实践育人有助于解决培养什么样的人、如何培养人以及为谁培养人这个根本问题，这是每一个教育者的神圣职责和应尽义务。因此，高校实践育人既是高校全员育人、全过程育人和全方位育人的责任，更是高校思想政治教育者的价值体现或教育成就。高等教育质量的提升事关千家万户，更重要的是直接关系到社会发展需要的人才质量。因此，提升高校实践育人质量从实践理念看，正是政府、社会、企事业、学校、家庭、教育者和青年学生的共同期待。关于"实践什么"的问题，很显然，我们实践的是全过程育人的优质资源，验证我国高等教育的优质人才培养质量，即通过推进高校全过程育人的创新发展，实践优质资源，通过加强大学生思想政治教育，进一步提高大学生的思想政治素质，促进大学生的全面发展，把青年学生培养成能担当民族复兴大任的中国特色社会主义可靠接班人和合格建设者，确保我国在激烈的国际竞争中始终立于不败之地，早日实现中华民族伟大复兴的伟大目标。至于"怎么实践"，就是既要搭建实践平台，确保高校全过程育人的公平公正，又要积极促进高校全过程育人均衡发展，缩小区域差异和校际差距，还要确保实践育人覆盖每一位学生，让政策制度、平台条件等保障机制和发展成果惠及每一位学生，从而构建全过程育人实践机制。高校在实践育人过程中，应秉承协同推进、成果实践、持续多赢的原则，协同发挥政、企、学各方优势，整合多方资源，实现实践单位与实践主体在人才、平台、成果上的多方协同，进而激活各方的内生动力、迸发教育活力，共同推进人才培养质量的进一步提升。

总而言之，以上理念是对新时代高校思想政治教育全过程铸魂育人规律的新认识，是对新时期高校全过程育人发展认识的新高度和新自觉。高校全过程育人只有以此为先导，才能破解发展难题、补齐发展短板、增强发展动力、厚植发展优势，确保全过程育人取得实效，确保大学生思想政治教育质量的有效提升。

（三）全方位铸魂育人机制

全方位铸魂育人主要是从空间上而言的，它强调育人要体现在促进大学生全面发展的各个方面和环节。高校要根据大学生的学习和生活实际，将显性德育与隐性德育相结合，通过有形的或者无形的手段把思想政治教育渗入学习和生活的各个环节，使大学生形成良好的思想品质和人格修养，促进大学生全面发展。

全方位育人强调了育人方法的全面性，除传统的理论教育之外，还包括为适应科学技术的飞速发展而实行的网络育人、为抵御西方思潮而大力提倡的文化育人、注重大学生全面发展的心理育人、关注贫困学生的资助育人等。全方位育人从媒体发展的前沿性、优秀文化的传承性、个体身心发展的完整性、实际生活的保障性等方面进行了充分的诠释，并将思想政治教育寓于其中。

1. 主导性与多元化相互融合

全方位育人具有主导性特征，这是由其政治性本质所决定的。马克思曾经指出，统治阶级的思想在每一时代都是占统治地位的思想。这就是说，一个阶级是社会上占统治地位的物质力量，同时也是社会上占统治地位的精神力量。那么，在全方位育人的过程中必须牢牢坚持社会主义方向，坚持鲜明的思想主导，将马列主义、毛泽东思想、邓小平理论、"三个代表"重要思想、科学发展观和习近平新时代中国特色社会主义思想贯穿始终，这将直接影响大学生社会主义理想信念的树立和社会主义核心价值观的培育，有利于抵御西方意识形态的思想冲击。理想信念教育、爱国主义教育、公民道德教育和素质教育应该成为全方位育人过程中的主要教育内容。同时，要以不断发展的时代化、中国化的马克思主义理论引导大学生的思想发展，使大学生及时了解和掌握马克思主义中国化的新成果、新内容、新论断。全方位育人的多元化，既指当前教育对象的年龄特征、心理特征、思想特征、个性差异、层次类别向着多元化发展，也指教育内容、教育形式、教育方法的多元化。大学生活给予大学生们一个个更多、更新、更先进文化的接收平台，也给予他们更多、更自由的选择和思考空间，大学生有权从不同的角度、从形式多样的教学实践活动中去接受教育，增长才干，作出贡献。教育方法也要实现从单一向多元的转变，根据所处的时期、教育的主要内容、教育的主要对象，选择适宜的教育方法。教育理念的更新、教育方式的改变将助推全方位育人的创新发展，为其注入新鲜的血液。在全方位育人过程中，主导性决定其指导思想和教育内容，多元化使其教育更具有针对性、选择性和层次性，更好地贯彻落实教育思想和内容，达到目的，收到效果。同时，多元化又促进主导性教育思想和内容的兼收并蓄，增强了包容性和持久性。

2. 科学化与人文化的有机统一

全方位育人的科学化既指要树立和形成科学的理念、内涵、方法和路径，又指育人活动的科学化、人才培养的科学化。在教育活动中要具有科学精神，以科学方法、科学态度去认识、掌握并运用其内在规律，提高实效性。既要时时关注世界形势和科技文化的纵深发展，吸收利用最新的教育资源和教育信息，增强教育内容的时代性和科学性，及时完成教育内容的科学研究与革新，又要掌握现代的科技手段和载体工具，充分体现全方位育人的科学化水平。

全方位育人的人文化指树立以人为本的教育理念，充分尊重大学生的人生价值、个性尊严等方面，为大学生的主体性、差异性和创造性提供良好环境，给予人文关怀，贴近生活，贴近学生，尊重大学生在育人活动中的主体地位，促进其自由健康发展，不断丰富完善大学生思想政治教育人文关怀的内容。在呼唤人性和崇尚自由的现代社会，全方位育人的人文化趋势日益凸显。因此，无论是校规校纪的制定，还是具体教育问题的处理，都应该处处体现人性化思维。在全方位育人过程中，科学化与人文化是有机地统一于一体的。二者的关系突出体现在教育的规范性与灵活性、工具性与价值追求两个方面。科学化意味着在全方位育人的过程中，教育者必须遵循一定的原则和规律，规范施教，对教育对象进行定量把握，秉持规范化、标准化的教育原则。但由于教育对象的主体是人，人是动态发展变化的，很多指标无法做到量化，这就需要具有一定的灵活性，因人施教。同时，以往的思想政治教育实践活动往往被认为缺乏主动适应性，更多的是停留在工具性的层面上，没有更多地考虑人的因素。在提倡大学生个性自由、个性发展的当今时代，更多关注的是思想政治教育所带来的价值追求，实现从被动适应到价值追求的全面回归，实现教育者的教育过程与大学生自觉修身过程的统一。

3. 本土化与国际化趋势并存

全方位育人的本土化指在指导思想上坚持马列主义、毛泽东思想和中国特色社会主义理论，坚持马克思主义中国化、时代化的最新成果，坚持中国特色社会主义的指导理论。教育内容上，要以深厚的中华优秀传统文化为基础，传承发扬中华文化，培育民族精神，增强民族自尊心、自信心和自豪感，继承巩固德育为先、修身为本、以身作则等道德教育的优良传统。教育方法上，仍然要注重具有本国特色系统理论学习的显性教育模式。全方位育人的国际化指在经济全球化、教育全球化、信息全球化的大背景下，全方位育人的理念、目标、内容和方法包含国际化的因素，吐故纳新，通过网络课程和借鉴国外的先进教育理念、教育实践经验，使得全方位育人的理论不断创新发展。大学生的关注视野越来越开阔，超越了国家界限，人权问题、环境问题、和平与发展问题等进入了思想政治教育探讨的领域。[①]

---

① 王忠. 大学生思想政治教育实践育人机制创新研究 [D]. 长春：东北师范大学，2016：126.

第八章　全媒体时代高校铸魂育人的有效路径

习近平指出："青年兴则国家兴，青年强则国家强。……青年面临的选择很多，关键是要以正确的世界观、人生观、价值观来指导自己的选择。"[①]可见，对大学生成长成才的培养，离不开以铸魂育人为引领的大学生思想政治教育。广大大学生只有树立牢固的马克思主义信仰和坚定的社会主义信念，树立崇高的理想和坚定的文化自信，才能够确立正确的、科学的世界观、人生观和价值观，才能够指导自己作出正确的选择。由此可见，全媒体时代高校铸魂育人的有效路径选择是进行大学生思想政治教育的重中之重，是培养新时代中国特色社会主义合格建设者和可靠接班人的关键，是一项长期的艰巨而又漫长的任务。在全媒体时代要想做好高校铸魂育人工作，需要传播媒介的融合互通、社会监管资源的整合利用、高校的教育主导作用、家庭的基础性指引及大学生自我教育能力的培养。一方面，要坚持传统的思想政治教育方式；另一方面，要探索新的更加有效、更加实用的思想政治教育方式，以此来提高铸魂育人的实效性。采取强有力的措施，多途径、多方式推进思想政治教育工作，确保全媒体时代高校铸魂育人取得预期的成效，为进一步促进中国特色社会主义的发展提供助力。

第一节　传播媒介的融合互通

媒介对人类社会的影响和塑造，既包括对社会物质生产的直接影响，

---

① 习近平. 习近平谈治国理政 [M]. 北京：外文出版社，2014：54.

也包括对社会文化、人类意识和思维方式在内的上层建筑的改造和调整。全媒体时代，基于信息技术高度发展的大众传媒成为人们获取信息的主要渠道，重塑着社会政治文化，同时对高校铸魂育人产生重要影响。依托媒体资源的优化配置拓展媒介的延展性，打造融合互通的全媒体传播平台，既能够为高校铸魂育人路径的优化提供平台支撑，也是塑造社会文化、引导民众文化心理的重要举措。

一、打造全媒体互联媒介平台

伴随着信息技术的高速发展，人类社会进入全媒体时代，各种新兴媒体平台涌现，强化了人们对各种媒介手段的依赖，以媒介为中心的生活方式成为广大民众无法回避的问题。大学生思想政治教育也不例外，只有借助恰当的教育媒介，才能实现有效教育、高质量教育。全媒体时代，只有在传统媒体与新兴媒体交流互通、深度融合的基础上，打造全媒体互联平台，才能真正发挥传统媒体与新兴媒体的合力，提升高校铸魂育人的效能。

全媒体时代，大量新兴媒体迅速兴起和发展，部分传统媒体话语权和影响力式微，各媒体平台之间的信息流动也更加开放、自由，包括书籍、报纸、杂志、广播、电视等在内的传统媒介与互联网、移动互联网等新兴媒体各自发挥作用，再加上传播媒介的融合发展趋势带动了不同媒体平台之间的交流协作，新的发展格局正在形成。面对层出不穷的应用选择，受众的需求也愈加多样化，分众化趋势日益明显。只有充分尊重不同受众群体的多样化需求，选择更具针对性的教育方式，才能保证大学生思想政治教育效果。要发挥传统媒体与新兴媒体的合力，就需要对各种媒介资源进行整合，搭建不同的媒体平台，采用不同的教育方式，争取把大学生都纳入相应媒介的影响范围之内，以满足大学生思想政治教育的需求。

二、规范新媒体自身建设

新媒体自身应清晰认识到自己的社会责任，明确新媒体传播伦理规范，坚持正确的舆论导向，加强新媒体从业者的职业道德学习，提高自律性，做新媒体传播的合格把关人。应在确保新媒体传播信息真实性的前提下，充分挖掘社会信息资源，在理性判断的前提下传播信息。

（一）明确新媒体传播伦理规范

随着新媒体发展进入新阶段，一些问题也不容忽视：全球面临网络空间安全威胁，互联网金融风险集中爆发，新媒体传播伦理问题亟待讨论，互联网企业的社会责任亟待提升。"传播伦理"是传播过程或传播行为所涉及的道德关系。新媒体的繁荣让新闻传播的活跃度大幅度提升，同时给新闻传播有序发展带来挑战。预防新闻传播失范，需要靠伦理从内部进行约束。

第一，加强自律意识教育，提高新媒体人内在修养。职业自律，需要新媒体人提高伦理素养，树立一些核心伦理理念、形成基本伦理共识，如尊重客观事实、尊重个人隐私、尊重国家利益。在自媒体平台上，人人都是媒体人。不仅仅媒体人需要培养新闻伦理规范，面对几乎所有网民都是媒体人的现实，伦理规范的培养需要全社会人的参与，进而构建良性的传播秩序。[①] 这就需要充分发挥新媒体自身的传播效力，积极建设微博、微信与客户端中的新闻伦理传播平台，在新媒体中增强自我引导力量，逐步在全社会形成良好新闻传播秩序。

第二，完善传播制度，提高新媒体人的职业素养。在全媒体时代，媒体发布信息一般要经过选择、加工、制作等过程。在这一过程中，新闻报道的客观性和公正性会受媒体文化传播者的思想水平、业务素质以及主观情感等因素影响而可能出现倾向性。提高新媒体信息传播者的职业道德的关键在于强化新媒体人作为群众"喉舌"的观念。只有新媒体信息传播者本身具有一定的职业道德，具有丰富的职业素养，才能正确判断、选择媒介内容，作出理性传播，利用新媒体的影响力促进社会进步，引导青年大学生树立远大的理想信念并对其进行积极、客观、公正的评价。

（二）坚持正确的舆论导向

2016年2月19日，习近平总书记主持召开党的新闻舆论工作座谈会，明确提出："党的新闻舆论媒体的所有工作，都要体现党的意志、反映党

的主张，维护中央权威、维护党的团结，做到爱党、护党、为党；……"①
媒体要及时反映群众诉求，反映经济社会生活；恪守职业操守和法律法规，
主动承担自己的社会责任，做好议程设置，做好舆论信息的把关人；还要
自觉增强舆论意识，与错误的舆论作斗争。

全媒体时代的社会舆情相当活跃并十分复杂，通过新媒体，任何一个
社会问题都有可能成为社会舆论热点，舆论的波动往往是由于一则新闻消
息的传播，舆论所产生的影响已经远远超出了事件本身。尽管理想信念具
有持久性，但一个人的理想信念很可能因为对自身不利的舆论或某个意外
的打击而动摇或坍塌。在这个人人皆是媒体人的时代，个体的隐私不再是
秘密，每个人都有可能随时因为私隐暴露而被世人挑剔。因此，新媒体在
报道或推送信息时坚持正确的舆论导向，坚持正确的发声，坚持利他的发
声尤为重要。

自我净化，规范价值引导。新媒体要严格把关传播的信息，务必确保
信息的真实性，充分发挥自我净化功能，为新媒体受众传播积极、有效的
信息；提高舆论引导能力，允许新媒体受众发表自己的见解，允许有不同
观点的受众之间互相辩论，然后对其因势利导；对于一些虚假信息，联合
权威信息发布平台进行辟谣，用科学的观点来消解谣言，还原事实真相。
在新媒体传播新闻的整个过程当中，媒体管理者要树立正确的价值导向，
提高媒体工作者的职业道德水平，增强责任意识，发挥意见领袖的导向作用，
发布权威消息，让主流价值观在网络空间占据主导地位。

（三）增强新媒体的社会责任感

新媒体人的社会责任是指新媒体从业人员在新闻传播活动中必须履行
对社会安定、国家安全和公众心智健康所承担的法律、道德等公共责任和
社会义务。

第一，新媒体要增强承担和履行社会责任的自觉性和担当意识。新媒
体平台是高度开放的信息空间，信息无限丰富，优劣并存，泥沙俱下；传
播路径广泛，为新媒体承担社会责任提出了更高要求和更严的标准，也势
必要求新媒体必须把承担社会责任作为自律，增强承担和履行社会责任的

---

① 习近平. 习近平谈治国理政（第二卷）[M]. 北京：外文出版社，2017：332.

自觉性，从而确立新媒体信息的权威性和公信力。

第二，新媒体要引领社会主流价值观。一方面，新媒体从业者通过不同的渠道影响大学生的价值观。在新闻选择、报道以及对新闻事件进行评论的时候，他们直接或间接传递着媒体人的价值观，这具有一定的教育意义，所以媒体人在传播信息的时候要传播积极向上、正确的价值观，有责任对大学生施以正面影响。即使媒体人在追求报道时效的时候，也要坚持正确的价值观引导。另一方面，媒体人有引导舆论导向的功能，媒体人在通过新闻引导舆论导向的时候，要牢记做一个有社会责任感的媒体人。

第三，新媒体人要培养大局意识，客观评价。新媒体工作者要有大局意识，报道新闻、传播消息要从大局着眼，不能离开我们的国情、党的方针政策，胸怀共产主义远大理想，坚定走中国特色社会主义道路的信念。新媒体人在报道新闻传播信息或评价新闻的时候，要坚持客观的原则，以客观的态度报道事实，在报道个别大学生发生的不良现象时，要有保护大学生理想信念的意识，做到客观评价，既不为博人眼球而大肆渲染，也不以迎合受众的猎奇心理为目的，更不能包庇纵容；在批判的同时注意对当事人隐私加以保护，切实提出中肯的建议供当事人参考。

三、实现不同媒介平台的资源共享

不同媒介平台掌握着不同的信息资源、文化资源乃至社会资源等，各个媒介平台都会凭借独特的资源优势获取生存和发展空间。要真正实现不同媒介平台的资源整合，既要创造条件发挥各个平台的资源优势，又要注意打破各媒介平台之间的资源壁垒，超越单一媒介平台的同质化资源限制，从而获得各媒介平台的资源合力。近年来，我国媒体资源整合的大幕逐渐拉开，为各类媒体平台的资源由分散到集中、由封闭使用到开放共享创造了条件，逐步建立起共享共通、立体传播的融媒体传播模式。实现不同媒介平台的资源共享，是全媒体时代优化大学生思想政治教育路径的必然要求。依托媒介融合最大程度地实现大学生思想政治教育资源的共享、开发与整合，各媒体平台协同运作，能够使各层级媒体传播产生整体传播效能大于各部分之和的效果。

（一）隐性教育与显性教育相结合

1. 显性教育

大学生所接受的思想政治教育，从形式上来看，存在显性与隐性之分。显性的思想政治教育在内容上看往往是有计划的，在步骤上看往往是有序的，在影响上看往往是直观的。显性的思想政治教育最为基本的形式主要有课堂教学、专题讲座及党团活动等。该教育形式的特点集中表现在以下三个方面。

第一，显性的思想政治教育在教学目标上是明确的。教学目标的明确性，决定了显性的思想政治教育不是盲目的。无论是理论知识的掌握还是行为实践的变化，显性的思想政治教育均有着明确要求。这种目的和目标是教育实践开展的依据也是教育实践结束时的归宿。它对于教育者和大学生来说都是公开的、明显的。

第二，显性的思想政治教育在形式上具有规范性。思想政治的显性教育的形式都十分规范，具有明确的时间、地点、场景规定和布置。显性的思想政治教育在形式上所具有的规范性，使得该教育活动的开展对大学生有着不可替代的约束力。

第三，显性的思想政治教育在内容上具有系统性。显性的思想政治教育在内容上所具有的系统性，是由教学目标的明确性与教育形式的规范性所赋予的。要完成既定的教学目标，需要构建循序渐进的教学内容。思想政治教育形式的规范性，决定了相关的教育内容是有规律可循、有步骤可行的。循序渐进、有规律可循、有步骤可行，均是教育内容具有系统性的集中体现。大学生思想政治显性教育的这些特点决定了它是大学生在短时间内接受系统、完整的思想政治理论教育影响的主要方式。

2. 隐性教育

隐性教育是相对于显性教育而言的，它是利用教育的隐性资源展开的比较隐蔽、含蓄地对大学生施加思想政治影响的教育，主要有环境熏陶、切身体验、榜样激励等方法。大学生思想政治的隐性教育具有如下特点。

第一，教育方式方法具有隐蔽性。对大学生开展隐性思想政治教育，往往是通过间接的方式与手段将教育内容与教育思想渗透到大学生的头脑中，于无形中影响大学生的思想，进而改变其自身的行为。

第二，知识传授上具有开放性。隐性教育具有覆盖面广的特点，大学生日常生活的方方面面均能受到该种教育形式的影响。教育者传授给大学生的知识是非闭锁性的，这一优势是显性思想政治教育无法实现的。

第三，教育效果上具有差异性。隐性思想政治教育是使大学生在一种氛围或情境中自然而然地受到触动，它依靠大学生自我的体验和觉悟。由于个体之间存在差异性，在没有明确规定教育目标的情况下，每个人的体验和体悟程度是不同的。

对大学生开展隐性思想政治教育尽管在形式上不容易引起人们的关注，但其所具有的优势同样是明显的。其中最为明显的优势之一，是能够对大学生产生潜移默化的作用。大学生能够通过自身所接触到的环境、情境、氛围接受教育影响，这种非显性的教育方式更加容易使他们在相对放松的氛围中接受教育影响。在开展思想政治教育的过程中，隐性教育可以尽可能地减少大学生的排斥与逆反心理，这种教育形式能够帮助大学生在潜移默化中接受思想政治教育。另外，隐性教育还有助于弥补显性教育的不足。显性的思想政治教育往往集中在课堂教学中，而思想政治教育的有效开展，应涵盖的领域、所涉及的内容是广泛的。隐性教育因之渗透在各领域、覆盖内容广泛而使之能够有效弥补显性教育的不足，从而使大学生获得全方位、立体性的思想政治教育影响。隐性教育较之显性教育也有不足之处。它不及显性教育所能够在较短时间内形成全面、系统、完整的理论认知，也不及显性教育的权威性而具有很大的不可控因素存在，所以，在重视显性教育的同时不忽视隐性教育，在开展隐性教育时注重隐性教育环境、情境、氛围等的营造，这样才有助于增强大学生思想政治教育的实效性，且有助于推动该教育活动的良性发展。

（二）传统教育手段与现代技术手段相结合

随着信息网络化快速发展，以数字式、网络化、多媒体等信息技术手段为依托的现代传媒，已经充斥着我们生活的方方面面，从根本上改变了人们的生活方式，对高校铸魂育人也必然产生深刻影响。利用现代化技术手段，是大学生思想政治教育实现现代化的根本标志，是顺应科技进步和符合现代教育规律的根本途径。大学生乐于、善于利用网络获取知识与信息。

调查发现，大学生认为他们的生活离不开新媒体运用，他们经常运用网络方式接触社会。在大学生中开展思想政治教育，除重视传统教育手段——线下教育以外，还应高度重视现代技术手段——线上教育。大学生身处现实物理空间与网络虚拟空间的双重空间之中，具体表现为线上与线下的不断交替。那么对大学生进行思想政治教育既离不开现实物理空间的教育实践，即线下教育，又离不开网络虚拟空间的教育实践，即线上教育。

具体来说，线下思想政治教育主要是指教育者与大学生之间开展的面对面的施教与受教活动。例如，在课堂上设置专门章节讲授与思想政治有关的知识，也可以通过系列讲座的形式邀请专家为大学生讲授与思想政治有关的理论。这种与教师、专家"亲密接触"的线下形式，更容易让大学生感受到人文关怀，教育者可以随时根据大学生的学习情况反馈来调节自身的施教行为，从而有利于教育过程的有效展开。然而，线下教育的局限性也是明显的。最明显的局限就在于时间与空间的限制，而且线下教育的重复性低，一节课结束后，大学生不容易再次接受相同课程的知识灌输。

在网上开展思想政治教育则较好地利用了互联网这一工具和平台。线下教育所存在的诸多局限，因互联网技术的发展与使用而得到破解。从当下来看，能够被线下教育所使用的互联网资源是丰富的、形式是多样的。网络以其不受时间空间限制、资源的丰富性、表达的立体化等优势成为思想政治教育的重要途径。2017年2月27日中共中央、国务院印发的《关于加强和改进新形势下高校思想政治工作的意见》强调：要加强互联网思想政治工作载体建设，……运用大学生喜欢的表达方式开展思想政治教育。[①]

线上教育作用的发挥也离不开线下教育实践的推动。第一，线下教育能够提升大学生的网络信息辨别力。由于网络信息具有海量化的特征，面对多种具有不同价值观念的网络信息的影响和刺激，如何从错综复杂、丰富多样的网络信息中获取有益资源，关系到大学生能否形成客观、理性的思想政治教育认知。而这一工作往往是通过线下教育进行的。甚至可以说，线下思想政治教育效果的好坏，与大学生网络信息辨识能力的强弱呈正比。第二，网络的负面影响仍然需要线下教育加以解决。由于网络存在门槛低、

---

① 中共中央 国务院印发《关于加强和改进新形势下高校思想政治工作的意见》[N]. 人民日报，2017-02-28.

信息源广泛、网络监控系统不健全等问题，致使网络实践会给大学生带来某些负面的影响，而这些负面影响需要借助线下的教育实践来解决。第三，思想政治理论的系统化掌握还需要借助线下教育平台。线上教育较之线下教育形式多样，更富有吸引力。线上教育往往依赖于大学生的自觉性和自我约束力，它不具有线下教育这种面对面教育方式的约束力和权威性。对于思想政治的理论内核的系统掌握，还是需要有针对性的、系统性的、面对面的教育引导。

首先，利用网络增强大学生内在动力。线下教育中存在着一系列较为突出的共性问题，特别注重单向的"灌"，缺少互动的"输"：教师讲得多，与学生互动较少，很少关注学生的感受、体验和需求；在教学当中，平铺直叙多，创设情境少，很少关注学生的兴趣、需要；在调动学生积极性方面，教师随意提问多，激发创新思维问题较少，达不到应有效度；从提问效果来看，互动效率较低，有的课堂表面上师生之间热热闹闹，而真正对学生的心智启发和思想引导功能并未落实；在课堂教学效果的检验方面，仅仅满足于课下作业的布置，忽视作业批改和验收，不能做到及时反馈和纠正；在课型设计方面，注重通过课程考试所达到的教学效果，忽视对教学过程的创新和探索，在课型上缺乏创新意识，无论是知识传授、思想提升，还是实践探索、自主研读，许多教师都愿意把课上成教师主导的"满堂灌"，教学效率低。因此，需要我们着重构建以学生为中心的教学模式，着重通过网络将思想政治教育由课堂之上延伸至课外大学生学习生活的方方面面，将思想政治教育从"边缘化"的位置拉回到"核心区域"，从而实现思想政治教育的优质高效。

其次，利用网络强化大学生自我教育。新媒体环境下，大学生已经不再是被动的受教育者，而是具有自主精神和自主能力的自我教育者。正因为如此，网络的广泛应用给大学生思想政治教育模式革新提供了能够实现自我教育的良好平台。新媒体的便捷性、吸引力和互动性，提高了大学生的参与性，把需要灌输的内容直观、生动地展现给大学生。同时，在他们潜移默化接受教育的过程中，自主自发地领会、传播、扩散，实现自我教育的自主化和常态化，这不仅是对马克思列宁主义的"灌输"思想的坚持，而且也是一种积极创新。

第二节　社会监管资源的整合利用

全媒体时代，国内外局势发生重大变化，全媒体传播空间面临着监管难题。当前，世界各国之间的交流日益密切，不同国家的经济、政治、科技以及文化的相互联系与依存度也越来越高，任何国家都无法独立于全球化进程之外。邓小平早有判断："西方国家正在打一场没有硝烟的第三次世界大战。所谓没有硝烟，就是要社会主义国家和平演变。"[1] 信息技术进步及民众的价值观多元化，使国内整体传播环境产生重大改变，民众思维方式和接受特点呈现新的变化。国内外传播格局的变化，加大了高校思想政治教育及各层级媒介空间的治理难度。相较于传统媒体空间，新兴媒体空间的监管和治理难度更大，更需要整合线上与线下、官方与民间等社会各类监管资源加强对全媒体空间的监督和管理。

全媒体时代，全媒体空间监管的重点和难点是各级新媒体传播平台。我国的新媒体发展尽管起步较晚，但发展异常迅速，从无到有、直至今天我国成为世界上新媒体使用的第一大国，仅仅用了 20 年左右的时间。如此快速的发展进程，必然带来很多问题。众声喧哗的传播环境，鱼龙混杂的海量信息，商业化、市场化的媒体运作模式，参差不齐的用户素质，增加了信息筛选的难度，强化着物质主义、实用主义及娱乐主义的价值取向，加大了全媒体空间的管控难度。法律的制定和完善落后于技术进步的步伐，导致媒体空间的法治监管出现空档。这些都是学界需要思考并解决的现实问题。我们要在党和政府的领导下，依托社会监管资源的整合，综合发挥法治监管、技术监管、舆论监督、行政监管及群众监督等监管途径的合力，加强对全媒体空间的管控。

大学生思想政治教育需要高校和学生的共同努力，同时也需要社会的加入，进而形成一项由诸多主体共同参与、共同作用的系统性工程。社会

---

① 邓小平. 邓小平文选（第三卷）[M]. 北京：人民出版社，1993：344.

各界都要对大学生思想政治教育工作给予关心和支持，做好这项工作是全社会共同的责任，要发挥各自的优势，加强与教育部门和学校的联系，形成合力，共同营造有利于大学生健康成长的良好社会环境。

一、加强对思想政治教育平台的监管

预防新闻传播失范，不仅靠伦理从内部进行约束，还要靠制度从外部进行约束。信息传播的即时性增加了对新媒体平台管控的难度，容易发生延迟管控。同时，随着 5G 网络全面覆盖，视频直播、语音直播、微电影、短视频成为新媒体更具特点的传播手段，更具交互性、实时性，浸入感也更强。与传统的电视、电影、电视剧有相对成熟的监管体系不同，新媒体平台监管体系还在探索中并不完善。政府需要加强对新媒体的监管，规范思想政治教育平台。

第一，过滤新媒体信息。加强对平台的监管，必须从信息源头对新媒体所传播的信息进行过滤，为大学生的思想政治教育提供良好的环境，从而最大程度地抑制新媒体传播信息的不良影响。对新媒体的监督，不仅是政府相关部门的责任，也是我们每一个公民应尽的责任。对于发现的恶意利用新媒体传播不实信息、不良思想、制造恐慌等行为，我们应当积极向有关部门举报，共同维护新媒体环境的健康和稳定。

第二，健全法律法规。已有相关法律法规对媒体和传媒人行为作出了规范，如《出版管理条例》和《广播电视管理条例》等，但这些法律法规的部分条款只是泛泛而谈，缺乏针对性、强制性和可操作性。因此，有关部门应当根据当前全媒体时代出现的新情况、新问题，针对性地进一步完善媒体监管体系，健全相关法律法规。例如：严禁新媒体平台播出庸俗化的节目和不良广告，倡导播放主旋律的电视节目、优质的公益广告；严禁自媒体推送暗示或含有不良内容的视频直播或语音直播；等等。要使新媒体能够更好地发挥舆论引导作用，为青年大学生树立正确的价值观、人生观、世界观打造良性的信息源。

第三，狠抓举措，创新管理。加强新媒体审查备案，对新媒体进行审核登记备案，了解相关资料；开展新媒体管理人员培训，强化法律意识和管理意识；加强宣传教育，充分利用各种渠道对新媒体的相关法律进行宣传和报道，提高安全意识和引导水平。

二、构建和谐的实践环境

（一）净化社会风气

当前社会环境复杂多变。高校要坚决抵制消极的价值观念带来的不利影响，用社会主义核心价值观统领高校师生的思想，坚守中国梦的实现，让高校师生对社会主义有信心，产生民族归属感和创造民族凝聚力。

（二）净化社会舆论环境

舆论环境的导向直接影响着社会主导价值观的导向。因此，保持干净的、积极的舆论环境对净化社会铸魂育人环境具有重要的意义。作为普通的社会个体，我们每时每刻都处在整个社会大的舆论环境之中，因此舆论环境是否和谐，直接关系到个人、团体和社会三者之间的关系是否和谐。正确引导社会舆论，净化舆论环境，构建良好的社会铸魂育人环境，就必须从以下两方面着力。

第一，始终坚持以马克思列宁主义、毛泽东思想、邓小平理论、"三个代表"重要思想、科学发展观、习近平新时代中国特色社会主义思想铸魂育人，坚持以经济建设为中心，进一步加强对民主法制、精神文明、社会建设、生态文明等主流思想的宣传力度，引导各行各业积极投身到建设社会主义现代化强国的工作中来，引导人们树立正确的生活态度。

第二，严格把控并充分发挥媒体等各种舆论工具作用，净化社会舆论环境。加强政治引导，加强宣传和弘扬中华民族传统美德、高尚道德，加强对正确的消费观、生活观、娱乐观的引导，引领社会民众形成坚定的政治观念、良好的道德观念、健康的娱乐消费方式、积极乐观的生活态度等。媒体要发掘社会的良心，充分承担起传话筒的作用，通过多种手段和活动形式，让有利于国家富强、民族振兴、社会和谐、人民幸福的思想和精神广泛宣扬，使其成为时代最强音，积极引导人们学习先进人物，帮助人们树立正确的价值观念，激励人们踊跃投身到建设社会主义现代化强国的工作之中。

（三）净化教育环境

思想政治理论课教师的政治素质受教育环境的影响较大，对政治素质的培养有极其重要的净化作用。从狭义上而言，良好的校园环境是"软环境"与"硬环境"的和谐统一，对思想政治理论课教师的成长起着陶冶和熏陶的作用，无时无刻地影响着学生的发展，尤其是在价值取向和思想品德观念的选择上，促进青年学生的身心健康发展，对实现高校铸魂育人起着举足轻重的作用。同时，讲求真、善、美精神的大学文化，是社会先进文化的发源地与辐射源，对思想政治理论课教师的世界观、人生观、道德观的养成及培养高尚的思想道德品质都具有重要的影响。因此，营造良好的教育环境对于净化铸魂育人的社会环境至关重要。

第三节　　高校的教育主导作用

高校是大学生思想政治教育的主要场所。高校思想政治理论课是高校铸魂育人的主渠道。加强大学生思想政治教育要在发挥主渠道作用的基础上，不断开发多种形式的教育，丰富教育的内容，拓展教育的渠道，发挥教育的积极作用，利用好环境影响教育的作用，切实优化高校校园文化和校园舆论环境的建设，充分体现思想政治教育的实效性，提高铸魂育人的效能。

一、思想政治理论课教学的改革创新

高校思想政治理论课改革的创新发展，目前确实取得了一些成效，但思想政治理论课铸魂育人的理论知识与当前实际情况存在些许差距。这就要求思想政治理论课要持续地进行教学改革创新，实现教学体系的转变，完成铸魂育人的目标要求。

第一，思想政治理论课教学的目标是铸魂育人，是要培育认同社会主流价值、符合时代发展要求的人才，因此，思想政治理论课不能只是完成宣传意识形态的任务，还要考虑学生自身的需要，但也不能只偏重学生自身的需求，因为思想政治理论课不可能满足学生所有的需求。

第二，思想政治理论课的教学目标决定了教学重点是培养学生的思维方式、逻辑推理和价值判断的能力。在面对纷繁复杂的环境、艰难险阻等时，需要学生有爱国情、强国志、报国行。思想政治理论课教学应坚持统一性与多元性相结合的原则，将教学内容与应用教学手段相结合，培养学生价值判断与理论思维的能力。

第三，思想政治理论课教学的原则之一就是理论联系实际，即坚持批判性与建设性相统一的原则，注重对现存的辨别与对现实的批判相结合。现有的矛盾与问题都有其存在的合理性。所以，在辨别矛盾与问题时，必须坚持理论联系实际，一切从实际出发，提高学生对"为什么历史和人民选择了中国共产党、为什么必须坚持走中国特色社会主义道路、实现中华民族伟大复兴"[1]的认识，并通过价值判断进行阐述与论证。思想政治理论课教师要及时回应学生的关注点，聚焦社会热点、理论难点和学生思想困惑等问题进行素材筛选，选择合适的案例培养学生问题意识，使学生能正确对待新时代中国所面临的矛盾与问题。思想政治理论课教师还应在尊重现有教材体系的基础上，试图将教学语言说得有理有据、有滋有味、深入浅出，使教学体系整体性和系统化。

二、加强高校思想政治理论课教师队伍建设

（一）强化高校思想政治理论课教师的铸魂育人意识

高校思想政治理论课教师相较其他课程和学科的教师，具有较高的思想政治自觉与奉献服务意识，个人素质能力往往更高。因此，在确保设备、办公场地、经费等硬件以及培训考察等软件的前提下，在不断健全的机制基础上充分尊重教师的主观能动性，进而营造一个相对宽松自由、充满人文关怀的工作环境，以激发教师的职业自觉性。在高校层面，首先应通过培训和宣传强化思想政治理论课教师对自身职业和岗位的理解。由于长期以来社会对于思想政治理论课教师的古板错误印象，教师要努力克服其对

---

① 习近平. 论中国共产党历史 [M]. 北京：中央文献出版社，2021：13.

教师产生的负面影响，积极引导其正确认识自身的角色使命，加强其满意度和职业自豪感；同时，还应努力营造宽松自由和充满人文关怀的文化氛围，通过马克思主义理论学科建设，增强思想政治理论课教师的学科归属感，充分尊重学术自由，使其在富有创造性和挑战性的工作环境中，获得对自身职业和岗位的满意度与成就感，以激发其以更多的热情和精力，积极投身到思政课的教学研究与政治理论学科的学术研究中。在个人层面，高校思想政治理论课教师应明确自身肩负的使命与职责，认识到自己所从事的工作对学生成才的重要意义，自觉主动地提升自身思想政治素质与职业素质，以最大的热情和精力投入教学科研工作中去，由衷地热爱自己的本职工作。随着教学成效与科研成果的日益累积，思想政治理论课教师才能在其本职工作中增强责任感和幸福感，更好地服务于国家的教育事业、服务于人才培养。

（二）提升高校思想政治理论课教师素质

办好思想政治理论课的关键在于发挥教师的作用。新时代高校思想政治理论课要想发挥好主阵地的作用，达到铸魂育人的目标，完成培养"有灵魂"的人的使命，关键在于思想政治理论课教师是否具有较强的素质修养。提升高校思想政治理论课教师综合素质可与从以下两个方面考虑：第一，加强对思想政治理论课教师的使命感教育，强调责任担当意识。习近平总书记对思想政治理论课教师提出了六个要求：政治要强、情怀要深、思维要新、视野要广、自律要严、人格要正[1]，对思想政治理论课教师的政治素质、创新能力、眼界胸怀和人格修养等提出了更为具体的要求。这不仅是对思想政治理论课教师的充分信任，也是期望。第二，加强思想政治理论课教师的专业知识培训和实践学习，定期进行形势政策教育，组织教师到革命地区和爱国主义基地参观考察，以增强思想政治理论课教师"不忘初心"的历史使命感。

（三）践行思想政治理论课铸魂育人新要求

首先，思想政治理论课教师要以坚定的政治修养引领学生。践行铸魂育人新要求，关键在于思想政治理论课教师政治要强、情怀要深。思想政

---

① 习近平. 习近平谈治国理政（第三卷）[M]. 北京：外文出版社，2020：330.

治理论课教师要有坚定的马克思主义信仰，在面对大是大非时亦能坚定政治立场及具有传道授业解惑的职业素养，只有这样才能对学生发挥引领作用。思想政治理论课教师以坚定的政治修养引领学生，就是要对马克思主义真理有不懈的追求，在对真理的探究中积累经验，这样才能有扎实的功底、足够的底气理直气壮地对学生进行教育，才能以真理的力量感召学生。

其次，思想政治理论课教师要以扎实的理论功底引导学生。传道者要明道、信道才能传道，这就要求思想政治理论课教师要坚持潜心钻研、不断提高自身理论的高度和深度、终身学习，提升马克思主义中国化最新理论成果的传播力和引导力，为学生答疑解惑。思想政治理论课教师要加强马克思主义理论武装，全面系统、深入思考、联系实际地学习马克思主义理论最新理论成果。

最后，思想政治理论课教师要以高尚的情操感染学生。第一，要自觉遵循内省慎独、以德立身。要自觉捍卫学术尊严，做到在学校以外的地方也能遵守师德规范，将其转化为内在的行为观念和品质。在日常教学研究和社会生活中，率先垂范，用高尚的人格和操守感染学生。第二，要严格要求学生，以德施教。在学生学习成长的过程中对其严格要求、加强管理监督，让学生在学习中感悟到快乐，获得成就感，才能获得学生喜爱，从而提高学生对教师授课内容的接受度和认同感。

三、增强实践育人成效

（一）政治理论教育与社会实践教育协同

学生通过社会实践可以将自己的知识升华，提高解决社会实际问题的能力，达到思想政治理论教育与社会实践教育协同发展的目的。教师应培养学生实践操作的能力，让理论依据与实践操作相结合，才能增强实践育人成效。

高校要积极开展与铸魂育人内容相关的实践活动，增强实践育人成效。例如，组织学生诵读经典著作、组织学生开展社会主义核心价值观的践行服务、开展以中国梦为主题的班级活动等，让学生在实践活动过程中，体会到"魂"的精髓并将其内化，最终成为"有灵魂"的人。一方面，各高校可以通过开展分享励志故事或者思想观念的方式，把著名学者和具有影响力的社会人士请来学校，与学生互动；另一方面，组织学生"走出去"，如在红色革命文化地区兼职讲解员、参加大学生"三下乡"和支教活动等，真正做到把思想政治理论教育和社会实践教育结合。

（二）推动思想政治理论课小课堂与社会大课堂紧密结合

习近平强调："坚持理论性和实践性相统一。思政课要用科学理论培养人，遵循不同学段学生的认知规律，把马克思主义基本原理讲清楚、讲透彻。同时，马克思主义是在实践中形成并不断发展的，要高度重视思政课的实践性，把思政小课堂同社会大课堂结合起来，在理论和实践的结合中，教育引导学生把人生抱负落实到脚踏实地的实际行动中来，把学习奋斗的具体目标同民族复兴的伟大目标结合起来，立鸿鹄志，做奋斗者。"[①]面对独立个性的大学生，思想政治理论课不能局限于在学校里讲，还要推动学生走进社会大课堂。例如，可以构建校内外一体的思想政治理论课实践教学体系，设计以铸魂育人为主题的实践教学环节，引导学生围绕主题在学校、社区、街道等场地开展志愿服务、调研实践等；或统筹社会各方资源，成立社会实践小组，利用寒暑假开展社会实践活动，组织学生到基层单位一线开展实践教育，到革命地区和改革开放前沿参观调研，推动思想政治理论课小课堂和社会大课堂的紧密结合，引导学生在实地体验中感受先进文化的深厚力量，自觉投身到实现中华民族伟大复兴的中国梦之中。

四、优化高校铸魂育人文化氛围

（一）提高校园文化环境的育人功能

相对于传统的课堂教学，通过校园文化活动进行铸魂育人的效果反而更好。首先要在校园文化环境中营造铸魂育人氛围，如在校园文化墙、学校社团活动、主题班会和演讲比赛都可利用，让大学生在活动中真实直观地感受到铸魂育人的影响力。在校园文化活动中，思想政治理论课教师要发挥主导作用，其他部门协同参与，带领学生有理有序有目的地进行。除

---

① 习近平. 论党的宣传思想工作 [M]. 北京：中央文献出版社，2020：385.

了在校园内进行铸魂育人活动，还可以结合高校自身的文化积淀进行人文教育，如延安市和东北地区的高校时常通过经典朗诵和参观本地红色革命基地等方式对大学生进行价值观的引领教育。

（二）营造"互联网+"铸魂育人的氛围

"互联网+"时代的到来，使信息技术与教育的融合正改变着教育教学领域的发展。当前高校要通过"互联网+"的新模式，营造高校"互联网+"铸魂育人的氛围，探寻高校铸魂育人的新途径。互联网对信息的传播和处理具有时效快、覆盖面广的特点，将铸魂育人的核心内涵和基本内容辅以新的教学模式传授给学生。例如，可以通过云课堂、微信公众号、QQ和微博等平台让学生跨越时间和空间的限制，随时随地接受教育，以此提升学生工作的覆盖面与影响力。高校还可借助互联网生动、多样化的特点，把铸魂育人内容传递给学生。例如，在思想政治理论课教学中，将理论知识和铸魂育人内容进行系统梳理，辅以生动的形式呈现，致力营造"互联网+铸魂育人"的氛围，创新和开拓社会实践活动，激发学生的内在需求，促进其全面发展，最终达到铸魂育人的目标。

第四节　　家庭教育的基础性指导

习近平在会见第一届全国文明家庭代表时指出："中华民族历来重视家庭。正所谓'天下之本在家'。尊老爱幼、妻贤夫安，母慈子孝、兄友弟恭，耕读传家、勤俭持家，知书达礼、遵纪守法，家和万事兴等中华民族传统家庭美德，铭记在中国人的心灵中，融入中国人的血脉中，是支撑中华民族生生不息、薪火相传的重要精神力量，是家庭文明建设的宝贵精神财富。"[1]传承了几千年的中华传统家庭美德，是中华民族每一个家庭、每一代人的生活方式、交往方式、认知方式、道德判断和价值选择的标杆，是建设美好幸福家庭、进行良好家庭教育的基础和根本动力。因此，在中国特色社

---

① 习近平. 习近平谈治国理政（第二卷）[M]. 北京：外文出版社，2017：353.

会主义进入新时代的历史方位下，以习近平新时代中国特色社会主义思想为指导，大力弘扬中华传统家庭美德，提升家庭教育德育功能，使其更好地为社会教育、学校教育保驾护航，为全媒体时代高校铸魂育人贡献力量。

一、多管齐下加强家庭教育的基础性指导

首先，家长要以身作则，为子女树立榜样。学生的思想品质启蒙于家庭。良好的家庭教育为学生健康成长奠定坚实基础。每个学生在走进学校、步入社会之前，都已经在家庭中打下了教育基础。家庭教育给了个体最重要、最基本的衣食住行的技能和知识，养成了最基本的生活习惯、语言和言语沟通本领，培养了学生对待生活、对待他人的情感及人格等品质。因此，作为家庭教育的主导者，家长要以身作则，要重言传更要重身教，要真正重视家庭教育的德育育人功能，在给子女教知识、育品德的过程中，身体力行、耳濡目染，帮助青年学生扣好、扣牢人生第一粒扣子，迈好人生第一个台阶。

其次，传播主流价值，弘扬中华民族传统优秀美德，筑牢家庭教育基础。新时代家庭教育既要顺应时代潮流传播主流价值观，更要紧跟时代步伐继承和弘扬中华民族传统美德。要在家庭中培育和践行社会主义核心价值观，引导家庭成员，特别是青年学生，热爱党、热爱祖国、热爱人民、热爱中华民族，坚定理想信念，形成正确的世界观、人生观、价值观，弘扬民族精神、时代精神，为学生德智体美劳全面发展夯实基础。要积极传播中华民族传统美德，倡导忠诚、责任、亲情、学习、公益的理念，推动在为家庭谋幸福、为他人送温暖、为社会做贡献的过程中提高精神世界、培育文明风尚。

最后，家长要创造良好的家庭教育环境，使青年学生在家庭生活中受到感染熏陶。家庭教育具有亲和性、即时性、恒常性的特点，这决定了其具有其他教育方式不具备的优势。在家庭教育环节中，家长要把握好重新认识孩子、避免人云亦云、相互了解、增加与子女的交流沟通、学会"放养"等关键点。唯有如此，青年学生才会拥有一个轻松舒适又不乏人文情怀和内涵深刻丰富的良好家庭教育环境。

总而言之，做好家庭教育，是社会教育、学校教育的开端和基础，拥

有良好家教的学生，其品行一定端正，道德一定高尚，人格、价值观一定健全，走进学校、步入社会也肯定是品学兼优、乐观积极的好学生、好公民，而这也恰好与大学生思想政治教育的目标不谋而合。因此，多管齐下抓好家庭教育，是协同教育法在大学生思想政治教育中解决问题、发挥作用、实现进步的关键所在。

（二）加强两两合作、打造三位一体教育模式

发挥家庭教育对社会教育、学校教育基础作用的同时，要不断加强家庭教育与学校教育、学校教育与社会教育、家庭教育与社会教育之间两两合作，使他们三者之间相互配合、相互影响、相互促进。提升彼此之间的联系，致力于打造家庭社会学校三位一体的思想政治教育模式，不断丰富和完善协同教育法的相关理论与实践探索。

首先，家庭教育与学校教育的合作。大学生思想政治教育合作探索最丰富、效果明显的是家庭教育与学校教育之间的合作，学校教育和家庭教育有共同的目标，那就是促进学生德智体美劳的全面发展进步。因此，可通过家庭和学校的及时沟通，确保学生远离社会不良现象，家庭、学校共同教育引导，使学生能够明辨是非、分清善恶，培育健全人格，树立积极向上的价值观。家庭教育与学校教育合作是一项多赢的策略。通过电话联系、家长会等途径，使得家长与学校实现双向沟通，及时掌握学生思想行为特点并做到即时反馈、即时调整；家长协助学校解决子女生活上、学习上、情感上遇到的种种问题，可以有效促进学生健康成长与学习进步；而通过对家长联系册的应用、定期召开家长座谈会、建立家校信息互动平台、对家长进行相关培训等形式，可以提高家长的家庭教育素养，拓展他们的人际关系。在这个双向互动的教育过程中，最终取得家庭与学校实现紧密联系、学生综合素质得到提高、家长教育素养得到提升、学校教学与管理模式得到创新的多赢局面。

其次，学校教育与社会教育合作。一方面，开放学校教育资源，充分发挥学校教育的育人功能，把学校教育社会化与社区文明建设融合在一起，全面构建健康良好的社区育人环境。同时，建立教师进社区制度，深入挖掘教育资源，利用社区丰富且接地气的资源构建"大教育体系"。条件允

许的地方，可以选派优秀公安干警或其他司法人员，进入学校给学生上法治教育课，使学生懂法律常识，树立法治意识，学会如何维护自身合法权益。另一方面，建立校外辅导员制度，选聘优秀党员和有经验人士担任校外辅导员。要充分发挥校外教育工作平台的功能，向社会拓展学校的教育空间，与校外教育机构、社会企业、公共组织建立经常性联系，充分挖掘和利用物化环境所包含的教育功能，并建立社会服务、艺术活动、公益劳动、社会实践等相对稳定的系列校外教育基地，有计划地组织校外教育活动。

最后，社会教育与家庭教育合作。社会一头连着家庭，一头连着学校，它是构建三位一体教育模式的重要依托和平台。社会教育与家庭教育合作的途径有三个层面：第一层面是社区教育与家庭教育的合作，如通过欢度传统节日、组织学生参观历史博物馆、科技馆和文化艺术馆等，使他们能够在各种活动中潜移默化地受到教育，思想品德、人文情怀得的升华；第二层面是通过实现资源共享，社会组织、企业等支持家庭教育，如通过帮扶贫困家庭子女上学、就业等问题，免费为家庭提供设施资源、财力资源、文献资源及组织资源等，从各个方面为家庭减轻负担；第三层面是家庭教育与大众传媒的合作，利用互联网多媒体技术和手段搭建新型教育交流平台，通过传媒教育来提高学生的媒介素养，使他们能够对媒体信息有甄别、鉴赏、评价的能力。

总之，做到家庭、社会、学校的协调统一，加强三者之间紧密联系，实现彼此支持、彼此配合、彼此影响的良好局面，就能做到大学生思想政治教育过程中协同教育的有效运用。只要这三者形成优势互补，共同发挥作用，那么目前大学生思想政治教育出现的问题以及协同教育出现的问题都会得到有效解决。因此，家庭教育、社会教育、学校教育不能彼此孤立，只有紧密联系、互促互进，才会顺利完成高校铸魂育人的目标。

第五节　　大学生自我教育能力的培养

大学生思想政治教育是一个需要打持久战的工程，需要政府、学校、家庭等各方面的合力作用,但最重要的是大学生要提高自我教育的能力。"吾日三省吾身"（《论语·学而篇》），大学生想要成长成才就必须提升自我教育意识，保障自我教育能力的基础作用，用自我教育能力提高、完善其他能力。大学生的全面发展，关键在于大学生的自我思考、自我坚持与自我追求。大学生的自我定位能力、独立辨别能力、主动实践能力的提高是高校铸魂育人实效的内因。

一、提升自身媒介素养

新媒体媒介素养是指对新媒体的概念和特征有较准确的定位和认知，而且对新媒体传播的信息具有一定明辨是非、判断真伪的能力。大学生自身媒介素养的提升可以使他们正确认识新媒体，正确理解并客观分析新媒体信息，汲取丰富的新媒体资源充实自我。大学生应该提高自己运用新媒体的基本素养，更好地了解、认识新媒体的好处，透过现象看本质，不能只看一面，同时不能过度依赖新媒体而抛弃传统媒介。

首先，充分利用高校的媒介资源，如官方网站、微信公众号等，主动广泛接触并参与，以获得关于媒介的切身体会；其次，除课堂或自学新媒体的媒介属性、媒介功用以外，大学生可以自发组织或者踊跃参加一些实践活动，如积极参与课堂上不良信息的抵抗力，同时也有益于自身媒介素养的提升；最后，激发自己的主观能动性，提升媒介素养的自我认知和自我提升能力。大学生应该正确使用新媒体，在接触新媒体时不能盲从。

二、提高自我定位的能力

自我定位就是在自我分析、自我思考之后找到自己的价值，明确自己的位置。新时代大学生朝气蓬勃、富有活力，他们想要形成自己的理想信念，首先便要找准自己的位置。大学生只有自我定位清楚，明确自己的奋斗的目标，找到自己的价值追求，才能够拥有正确的人生方向。

一个人有了正确的自我定位，就会有正确的行动方向。新时代大学生想要自我定位准确，就要厘清自己的职责。例如：作为国家的公民，大学生应该具有奉献祖国、报效国家的决心；作为一个社会的个体，大学生应该做好成为社会主义事业建设者与接班人的准备；作为父母的子女，大学生应该努力奋斗，以此报答父母的养育之恩；作为学生，大学生应该刻苦钻研，认真学习科学文化知识，提高自身的整体素质。因此，大学生应厘清自己的职责，担负起每一个角色的责任，在成长道路上少走弯路。"见贤思齐焉，见不贤而内自省也。"（《论语·里仁篇》）新时代大学生也应该不断反思自己、认识自己，不断地与他人沟通，得到来自他人对自己客观、正确的评价，发现自身存在的问题，找到自我定位上的不足，从而不断改正自己、完善自己、规范自己的行为，坚定自己的理想信念。

三、提高独立辨别的能力

独立辨别就是在各种社会环境下，经过自己独立思考、独立分析形成的一种能力。随着经济全球化的不断发展，科学技术的迅猛进步，各国之间的经济文化交流越来越频繁。快速发展的社会使我们的生活越来越便捷，越来越丰富，但随之而来的还有各种挑战与诱惑。因此，新时代的大学生要提高独立辨别的能力，这对成长成才起着关键的作用。

一方面，大学生要努力学习理论知识。知识的力量是无穷的，大学生的首要任务是学习，要用丰富的知识充实自己。习近平指出："马克思主义思想理论博大精深、常学常新。……马克思主义是中国共产党人理想信念的灵魂。"[①]马克思主义理论是中国共产党的指导理论，是中华民族伟大复兴中国梦实现的理论基础，为共产党人提供精神力量。作为新时代的大学生，要加强马克思主义理论的学习，用马克思主义理论武装头脑，坚守

---

① 习近平. 在纪念马克思诞辰 200 周年大会上的讲话（2018 年 5 月 4 日）[M]. 北京：人民出版社，2018：15，24.

自身的意识形态。不断学习马克思主义，努力懂得马克思主义，学会运用马克思主义，练就"金刚不坏之身"，在面对各种错误思潮与观点时能够勇于面对，以深厚的理论知识坚守自己的理想信念。

另一方面，大学生要有持久的意志力与奋斗目标。一个人可以物质上不富有，但精神与意志上不可以贫瘠。大学生作为国家发展的后备力量，是国家未来发展不可或缺的人才。大学生如果没有理想、没有目标，没有坚持奋斗的意志品质，是最为可耻的，也是最为脆弱的。正如习近平总书记所说："信仰认定了就要信上一辈子，否则就会出大问题。"[①]大学生应当树立积极向上的人生奋斗目标，在实现的过程中锻炼"水滴石穿"的意志品质，在实际的生活中给自己规划一个实现方案，按计划完成每一个小的目标，用一点一滴的努力实现人生目标，培养持之以恒的意志，从而在面对外来诱惑时，能够不为所动，坚守自己的理想信念。

四、提高主动实践的能力

马克思在《哥达纲领批判》一文中指出："一步实际行动比一打纲领更重要。"[②]可以看出马克思对实践的重视。主动实践是大学生从主观意愿出发，自愿参与到社会实践活动的社会行为。主动实践能力的养成，可以帮助大学生积极参与社会实践活动，乐于奉献社会、接触社会。主动实践能力的养成对高校铸魂育人起着推动作用。

大学生要养成良好的心态，主动参加到社会实践活动之中。无论是社会，还是高校，都会提供很多实践机会，大学生应从锻炼自身出发，积极参加社会实践活动，在社会实践过程中不断充实自己、检验自己，达到思想上的坚定，心灵上的启迪。在主动实践的过程中，大学生可以适当做一些兼职，发现自己的兴趣爱好，在实践的过程中找到适合自己发展的方向，确定自己的人生目标。大学生可以选择参加一些社会志愿活动，如去偏远地区支教、慰问养老院。在实践中，大学生能够全面地认识社会，有效地参与社会建设，

---

① 习近平. 论党的宣传思想工作 [M]. 北京：中央文献出版社，2020：360. 36.

② 中共中央马克思恩格斯列宁斯大林著作编译局. 马克思恩格斯选集（第三卷）[M]. 北京：人民出版社，2012：355.

提升与人沟通交往的能力，维系良好的人际关系，从而提高自身对社会的积极影响；能够了解到社会发展需要每个人都贡献自己的力量，并将自己的发展与社会发展相联系；能够在实践的过程中坚定建设社会主义现代化强国的决心，从而促进自身的健康成长与全面发展。

大学生思想政治教育在面对新的现实问题时，坚持从实际情况出发，建立社会、学校、家庭、新媒体与大学生个人相结合的高校铸魂育人体系，实现高校铸魂育人与全媒体时代的有机耦合，充分利用全媒体时代提供的良好机遇，发挥思想政治教育应有的价值，培养德智体美劳全面发展的社会主义建设者和接班人。

参 考 文 献

[1] 约翰·杜威. 人的问题[M]. 付统先, 邱椿, 译. 上海: 上海人民出版社, 1965.

[2] 雅斯贝尔斯. 什么是教育[M]. 邹进, 译. 北京: 生活·读书·新知三联书店, 1991.

[3] 董宝良. 陶行知教育论著选[M]. 北京: 人民教育出版社, 1991.

[4] 冯增俊. 当代西方学校道德教育[M]. 广州: 广东教育出版社, 1993.

[5] L. J. 宾克莱. 理想的冲突[M]. 北京: 商务印书馆, 1984.

[6] 冯契. 认识世界和认识自己[M]. 上海: 上海人民出版社, 2011.

[7] 让-弗朗索瓦·利奥塔. 后现代状况: 关于知识的报告[M]. 岛子, 译. 长沙: 湖南美术出版社, 1996.

[8] 傅永军, 王元军, 孙增霖. 批判的意义: 马尔库塞、哈贝马斯文化与意识形态批判理论研究[M]. 济南: 山东大学出版社, 1997.

[9] 杨振斌, 黄开胜. 红色网站的发展和启示[J]. 高校理论战线, 2000 (10).

[10] 路易斯·拉思斯. 价值与教学[M]. 谭松贤, 译. 杭州: 浙江教育出版社, 2003.

[11] 张耀灿, 徐志远. 现代思想政治教育学科论[M]. 武汉: 湖北人民出版社, 2003.

[12] 王凤才. 哈贝马斯交往行为理论述评[J]. 理论学刊, 2003 (05).

[13] 爱弥尔·涂尔干. 实用主义与社会学[M]. 渠东, 译. 上海: 上海世纪出版集团, 2005.

[14] 荆惠民. 改革开放以来思想政治工作大事记[M]. 北京: 中国人民大学出版社, 2007.

[15] 何静，李化树．价值澄清理论及其对我国德育的启示[J]．当代教育论坛（宏观教育研究），2007（06）．

[16] 张瑜．试析高校网络思想政治教育工作模式的演变[J]．思想政治教育研究，2007（12）．

[17] 邱柏生．改革开放以来高校思想政治教育创新的特征[J]．思想理论教育导刊，2008（10）．

[18] 金林祥．蔡元培论杜威[J]．湖南师范大学教育科学学报，2009，8（01）．

[19] 谭蔚沁．论马克思"人的全面发展理论"与大学生创业教育[J]．思想战线，2009（05）．

[20] 曹莲霞．创新思维与创新技法新编[M]．北京：中国经济出版社，2010．

[21] 姚君喜，刘春娟．"全媒体"概念辨析[J]．当代传播，2010（06）．

[22] 孙士杰．党校教育创新论[M]．济南：山东人民出版社，2011．

[23] 易莉．从价值中立到核心价值观——美国品格教育的回归[J]．教育学术月刊，2011（05）．

[24] 亨利·詹金斯．融合文化：新媒体和旧媒体的冲突地带[M]．杜永明，译．北京：商务印书馆，2012．

[25] 刘西华．90后大学生理想信念现状与教育对策研究——以S大学为例[D]．济南：山东大学，2013．

[26] 董德福．"中国梦"的历史嬗变与实现路径[J]．江苏师范大学学报（哲学社会科学版），2013，39（05）．

[27] 蒙秋明．"中国梦"：大学生思想政治教育的新内容[J]．贵州社会科学，2013（07）．

[28] 肖贵清．实现中国梦的根本途径、精神支撑、力量之源[J]．思想理论教育，2013（11）．

[29] 石长顺，景义新．全媒体的概念建构与历史演进[J]．编辑之友，2013（05）．

[30] 迟桂荣．新媒体视野下当代大学生思想政治教育研究[M]．北京：中国社会科学出版社，2014．

[31] 季海菊．新媒体时代高校思想政治教育的解构与重塑[M]．南京：东南

大学出版社，2014.

[32] 毛璐. 高校思想政治教育与当代大学生政治社会化研究[D]. 长沙：湖南师范大学，2014.

[33] 杨曦阳. 全媒体时代思想政治教育新论[M]. 长春：吉林文史出版社，2017.

[34] 檀传宝. 德育理论[M]. 北京：北京师范大学出版社，2016.

[35] 王忠. 大学生思想政治教育实践育人机制创新研究[D]. 长春：东北师范大学，2016.

[36] 张颖. 新时代大学生艰苦奋斗精神教育研究[D]. 长春：东北师范大学，2018.

[37] 康秀云. 习近平高校思想政治工作重要论述论纲[J]. 东北师大学报（哲学社会科学版）. 2019（02）.

[38] 梁庆婷，包娜. 全媒体时代思想政治教育话语的困境反思[J]. 中国矿业大学学报（社会科学版），2019，21（06）.

[39] 许慎. 全媒体时代思想政治理论课教学方法的综合创新[J]. 思想理论教育，2019（12）.